Edmond BOCQUIER

LES

LÉGENDES DE LA NUIT

En Vendée

Traditions, Contes et Superstitions

LA ROCHE-SUR-YON

RAOUL IVONNET, IMPRIMEUR-ÉDITEUR

15, Rue Lafayette, 15

1908

LÉGENDES DE LA NUIT

EN VENDÉE

TRADITIONS, CONTES ET SUPERSTITIONS

La Nuit, l'Ombre mystérieuse a été, en Poitou comme partout ailleurs, la grande et féconde inspiratrice des légendes étranges. La Nuit, alors que la Nature repose et que la Vie semble se ralentir, est, dans l'esprit de l'homme des champs, l'image de la Mort et du Mal. Le paysan peuple l'ombre de revenants, de sabbats, de cierges errants, de lavandières funèbres ; la Nuit est le siège de toute une vie surnaturelle ; elle est l'empire des horreurs et des ensorcellements ; ce sont les heures farouches des crimes mystérieux, les heures horribles des expiations qui n'ont rien de commun avec les condamnations humaines, c'est l'heure du *Garou*.

Dans un pays aussi accidenté et aussi boisé que le Bocage vendéen, la Nuit drape la campagne solitaire et sombre d'apparences étranges. Pour peu que le spectateur nocturne, le *gâs* revenant d'une veillée tardive, soit naïf ou peureux, il se sentira anéanti, dans le désert noir aux silhouettes fantastiques, par cette mystérieuse puissance qui l'entoure, cette force occulte qui l'envahit comme un fluide, qu'il sent vivante comme un esprit, la *Nuit*. Il croira qu'une vie surnaturelle, bizarre, troublante, née dans l'ombre, pénètre de toutes parts le monde réel. Et c'est alors que les faits les plus ordinaires, le passage d'un chien, la tombée des feuilles, la chute d'une pierre, le murmure du ruisseau, un soupir de vent, mal définis dans la nuit qui fausse les distances, grandit les bruits, estompe les formes, prendront dans l'esprit de l'homme superstitieux les caractères de phénomènes extraordinaires, fantastiques ou terribles : ce seront des âmes en peine, des morts errants, des bêtes immondes, des garous farouches...

L'origine de ces légendes relatives à la nuit est curieuse à analyser. Généralement, ces sortes de traditions ne se rattachent pas à un fait historique et sont nées d'un simple incident incompris et dénaturé. Je me rappelle le récit fantastique que me fit une vieille femme d'Aubigny du passage d'une des premières automobiles, la nuit, sur la route qui desservait son village. Cette pauvre vieille n'avait jamais entendu parler de voitures sans chevaux, dans la solitude de sa ferme. Or, un soir, très tard, elle entendit au loin un grand bruit, comme celui d'un train de chemin de fer. Le bruit se rapprochait avec une vitesse effrayante. La vieille se leva, entr'ouvrit sa porte : au même instant, deux énormes lumières surgirent sur la route, et, comme un ouragan, *quelque chose*, une machine d'épouvante, passa dans un bruit d'enfer. La femme est restée persuadée qu'elle avait vu une apparition.

Les journaux locaux ont reproduit, en janvier 1906, la note suivante :

« **Mareuil-sur-Lay.** — Jeudi, vers sept heures du soir, M. O. G..., mécanicien, revenait de Bournezeau, à bicyclette. Au lieu dit le Breuil, il entendit des cris sauvages paraissant provenir d'une bagarre sur le milieu de la route. L'obscurité étant profonde, M. G... mit pied à terre ; mais tout à coup il fut assailli par quatre animaux, qui tournèrent leur fureur contre lui. Il lâcha sa machine et se mit en devoir de se défendre. Il eut fort à faire : crocs et griffes eurent bientôt fait de mettre en piteux état pantalon, jambes et mains du courageux mécanicien. Cependant, il réussit à terrasser deux de ses adversaires, qu'il maintint vigoureusement, un de chaque main. Accourus à ses cris et au bruit de la lutte, trois passants l'aidèrent à assommer le seul des quatre antagonistes qu'il avait pu garder prisonnier jusqu'au bout. C'était une magnifique loutre, un des plus beaux échantillons de l'espèce, dont la peau, transformée en descente de lit, lui rappellera sa victoire dans un combat aussi rare que peu banal. On suppose que ces quatre loutres ont été amenées en cet endroit par la récente crue du Lay. »

Admettez que cet ouvrier ait eu peur, qu'il se soit enfui dans un moment d'affolement, qu'il n'ait pas cherché à se défendre de ses singuliers agresseurs ni à les reconnaître; supposez son esprit nourri des vieilles légendes, hanté de lugubres histoires de revenants ou de maléfices, et cet homme vous eût dit alors qu'il avait été attaqué par les Garous *au passage d'un pont*, ou que la Galipote l'avait mordu et lui avait sauté sur le dos!

D'innombrables faits, qu'explique la science et que confirme l'observation, ont servi de points de départ aux légendes et aux superstitions de la nuit. Tantôt, c'est la formation de feux follets au-dessus de fumiers; tantôt, ce sont des phosphorescences produites par le frottement de deux vieux arbres l'un sur l'autre. A Saint-Gilles, il y a quelques années, on cria dans la rue, un matin : « La mère X... qui est sortie de sa tombe, qui est apparue, etc.! » On alla au cimetière et le bruit se répandit bientôt qu'on apercevait sur la tombe des débris de chair sanguinolente. Quelqu'un voulut vérifier le fait, et on vit tout simplement les débris rouge sang d'un champignon désagrégé par les pluies d'automne.

Mais le paysan, et surtout la paysanne, dont l'esprit était hanté naguère de lugubres histoires de mort et de nuit, dont le caractère était façonné par l'influence enveloppante d'un sol tourmenté et assombri de haies épaisses et de hautes futaies, étaient portés à expliquer toute chose nouvelle ou extraordinaire par le merveilleux et l'irréel. Auront-ils vu, au loin, une flamme dansante, une lueur blanche? Ils se seront enfuis à toutes jambes, la sueur aux tempes, « la peur sur le dos », rêvant de farfadets, de garous, de dames blanches ; mêlant, dans des visions fantastiques, les lointaines réminiscences celtiques transmises d'âge en âge, les croyances chrétiennes et la réalité des lueurs entrevues. Si ces braves gens s'étaient rapprochés, ils auraient vu un fossé plein d'eau croupissante, ou un chêne vermoulu recouvert de centaines de *Lampyris noctiluca,* comme on peut le remarquer parfois, les soirs de juillet, sur certains vieux arbres du Bocage.

Remarquez que de mauvais plaisants ont exploité cette peur et cette naïveté des campagnards. Ne dit-on pas que certaines garaches tuées, le soir, avec la fameuse balle bénite, n'étaient que de vulgaires voleurs déguisés ? Combien de garous, enveloppés de peaux de bêtes, ont demandé grâce sous le bâton de houx de quelques vigoureux gâs ? Vers 1900, la Bidoche se promenait, dès la tombée de la nuit, dans les faubourgs de Challans, « mais les jeunes gens qui en remplissaient le rôle ont été priés par la gendarmerie de ne plus continuer cette plaisanterie qui avait terrifié plusieurs femmes. » (Aug. BARRAU). Même fait s'était produit à la Chaume des Sables-d'Olonne vers 1892.

« J'ai remarqué, m'écrivait Aug. Barrau, que c'est surtout les années où il y a beaucoup de vin qu'on constate la présence de cette bête surnaturelle (la Bidoche). » Ces mots se passent de commentaires ; il me semble que « courir le garou » et « courir le guilledoux » doivent être parfois deux expressions synonymes.

Ce qui est extraordinaire au point de vue de l'analyse psychologique de la race, c'est que des conteurs, appartenant aux régions les plus différentes du département, vous narrent, avec la même apparence de bonne foi, les mêmes histoires dont ils ont tous été les héros ! Dans presque chaque commune, on trouvera un paysan qui a vu le garou, qui a porté le mouton pesant, qui a aperçu la demoiselle de Paris et son petit chien !

D'ailleurs, vous aurez beau vouloir solliciter de votre narrateur des commentaires précis et vraisemblables, il s'y refusera et s'en tirera par quelque prudente réticence ayant l'allure d'une conclusion dernière. Ainsi, dit-on, chaque soir une bête étrange heurtait avec la patte le loquet de la porte d'une métairie ; le fermier osa sortir une fois et vit un gros mouton blanc qui recula et lui dit *quelque chose.* « J'aimerais mieux mourir cent fois plutôt que de dire ce que j'ai entendu », a raconté plus tard le fermier. Un autre homme, revenant de la veillée, reçoit d'un porc une maîtresse gifle, complétée d'un petit discours d'à-propos. « La bête m'a dit des choses trop abominables pour que je les répète », a expliqué la victime.

Ce sont quelques-unes des légendes de nuit de notre Vendée que nous allons conter. Il nous a été bien difficile de les classer, car les êtres surnaturels créés par les imaginations présentent des caractères aussi complexes que changeants et confus. Toutefois, il nous a été permis de distinguer, sous la variété des noms et des attributs, trois types principaux : le Garou, la Galipote, la Garache. Leur aire géographique est aussi mal délimitée que les types eux-mêmes sont imprécis. On cause du Garou et de la Galipote par toute la Vendée, mais surtout dans le Bocage, moins dans la Plaine, très peu dans le Marais du sud. La Garache paraît hanter principalement le sud et l'ouest de La Roche-sur-Yon, jusqu'à la côte. D'ailleurs, les récits qui suivent éclaireront le Lecteur mieux que tous les commentaires.

LE GAROU

Le Loup-Garou (1) semble être, d'après la plupart des légendes poitevines, un condamné par le prêtre, qui a lancé sur lui le *monitoire.*

---

(1) Le mot *Garou* vient peut-être du latin *Geralphus,* employé au Moyen-Age avec la même signification. Le mot *Garouage,* souvent usité par nos vieux auteurs, signifiait vagabondage, course aux aventures nocturnes. La Fontaine dit, lui-même, que *Jupiter était en garouage.* Le Garou porte aussi, en dehors de la Vendée, les noms de *Loup-Béroux, Varou, Haire.*

Courir la nuit à des heures indues, suivre les chemins creux et solitaires dans le mystère des ténèbres, attendre au pied des croix, fréquenter les *croisées* de chemins, cela s'appelle *garouter* et peut donner lieu aux plus horribles suppositions : sabbats, pactes diaboliques, ensorcellements, etc.

Celui qui est condamné à courir le légendaire garou est un criminel ou un voleur qui n'a pas avoué ses forfaits ; parfois même, le garou est un innocent, dont la seule faute est d'avoir été témoin d'une mauvaise action qu'il n'a pas voulu dénoncer.

La condamnation du garou se faisait par le *monitoire*, sorte d'anathème que le prêtre lançait, d'un geste impérieux de droite à gauche, sur les coupables inconnus, sur ceux qui cachaient des péchés en confession, sur les complices et les témoins trop discrets. Cette cérémonie se faisait à l'*Asperges*, à l'Évangile ou au Prône. Ainsi, là encore, l'historique se mêle au légendaire, et tous deux s'éclairent réciproquement : le monitoire devient une arme redoutable au service du prêtre et du magistrat.

La tradition du monitoire remonte fort loin, très probablement au Moyen-Age, car, en Poitou, il n'en existe guère que des souvenirs oraux légendaires. Le rituel du diocèse de Luçon, du xviiie siècle, parle bien brièvement des monitoires, qui étaient très rares à cette époque et ne se faisaient qu'avec l'approbation de l'autorité ; mais ils consistaient alors en une simple excommunication, et non en une condamnation farouche et mystique.

Qu'était-ce donc que le monitoire, selon l'histoire et le droit canon ?

Le monitoire était une ordonnance d'un juge ecclésiastique, une lettre d'un official, obligeant, *sous des peines purement ecclésiastiques* (l'excommunication), tous ceux qui étaient instruits d'un crime à en dénoncer ce qu'ils en savaient. Le monitoire pouvait aussi consister en un avertissement donné par trois fois au prône, par un curé, dans la même intention.

Les archives de Salidieu, près Mareuil, ont conservé le

texte d'un curieux monitoire fulminé en 1668 par Antoine Froment, prêtre, docteur en Sorbonne, doyen de l'église cathédrale de Luçon, vicaire général de Mgr. Nicolas Colbert et vice-gérant en la cour de l'Officialité du dit lieu, contre un certain nombre de coupables inconnus habitant le marquisat de la Garnache et notamment Saint-Jean-de-Monts, où les souvenirs de monitoires sont encore si nombreux.

Nous citons les plus intéressants passages de cette pièce :

« Aux curés ou vicaires à qui il appartiendra d'exécuter ces présentes lettres, salut en Notre-Seigneur.

« Nous avons reçu la plainte de M. François Raimbaud, procureur fiscal du marquisat de la Garnache, qui nous a fait exposer en ladite qualité que depuis longues années il s'est commis divers homicides, assassinats, violements, incendies, larcins et autres crimes qualifiés, sous l'étendue de ladite cour, lesquels sont jusqu'à présent demeurés impunis par la négligence, accommodement ou impuissance des parties civiles, ce qui aurait obligé le sieur sénéchal dudit marquisat de rendre diverses ordonnances et injonctions aux prédécesseurs en charge dudit exposant pour la poursuite desdits crimes ; dont ne pouvant avoir les preuves et éclaircissements requis par les voies ordinaires, il aurait présenté sa requête audit sieur sénéchal, lequel par son ordonnance du 9 du présent mois, signée Perrucheau, greffier, lui a permis d'obtenir et faire publier *conquestus* en forme de droit, requérant à cette fin nos lettres-monitoriales, que lui avons accordées, pour avoir preuve et révélations de ces faits, qui sont : (suit, en 18 articles, une longue énumération de méfaits).

« A ces causes, nous vous mandons et très expressément enjoignons de lire et publier ces présentes lettres monitoriales, par trois jours de dimanche consécutivement, aux prônes de vos grandes messes parrochiales ; et admonester première, seconde et tierce fois, bien canoniquement, compétamment tous ceux et celles qui sauront quelque chose des faits susdits, circonstances et dépendances, soit pour l'avoir vu, ouï dire ou entendu, ou en quelque manière que ce soit, de venir à révélation et en bailler leur déclaration en forme probante, aux dépens raisonnables de la partie impétrante, dans les six jours après la dernière publication ou autrement.

« Et à faute de ce faire, nous avons, dès à présent comme dès lors et dès lors comme dès à présent, déclaré et déclarons excommunié tous ceux et celles qui, en sachant quelque chose, n'en feront pas une due révélation, et nous ordonnons de les dénoncer publiquement au peuple, pour excommuniés au dimanche ensuivant après la troisième monition, afin que personne n'en prétende cause d'ignorance. » (14 d'août 1668.)

Ainsi, selon l'histoire, le monitoire n'était en somme qu'un procédé d'enquête et de dénonciation, dont le caractère impératif était encore précisé par les menaces d'anathème. Il pouvait donc être un excellent auxiliaire de la justice, à une époque où la campagne était peu sûre, les investigations difficiles, les voies de communication rares, dans un temps où le prône était le rendez-vous hebdomadaire de toute une population disséminée, croyante et redoutant les peines de l'Église.

Examinons maintenant le monitoire légendaire et essayons d'étudier les relations qu'il peut avoir avec le monitoire historique.

La légende des monitoires se retrouve partout en Vendée, même dans l'île de Noirmoutier ; elle est surtout d'une extrême fréquence dans le Bocage. L'anathème y porte les noms de *Monitoires, Mounitoires, Moulitoires, Emollitoires,* etc.

« Autrefois, au moment de l'*Asperges*, le curé se tournait vers le peuple et disait : « Excommuniés, magiciens, sorciers, vous tous qui pratiquez le sortilège, sortez d'ici ! » Quand un crime, dont on ne connaissait pas l'auteur, avait été commis dans la semaine sur le territoire de la paroisse, le pasteur, avant de commencer le prône, faisait un monitoire pour forcer la personne à rentrer en elle-même et à

réparer sa faute. Quand ce monitoire n'avait pas produit
son effet, le curé en faisait un second au prône suivant, et,
ce jour-là, il avertissait les femmes enceintes de ne pas
assister, à la huitaine, à la messe paroissiale : c'est que le
troisième monitoire était suivi de cérémonies symboliques
de nature à épouvanter. Le ministre de la religion montait
en chaire, un cierge à la main ; il lisait, pour la dernière
fois, la formule de l'avertissement et des menaces qui
l'accompagnaient. La lecture finie, il mettait le papier dans
la flamme du cierge, soufflait dessus, et, au même instant,
la sentence atteignait la personne coupable, fût-elle à dix
lieues de là. *L'anathème retentissait sur son dos comme sur
une enclume*, et elle était condamnée pendant sept ans à
courir le garou et à visiter sept paroisses par nuit. »

(Recueilli à Angles, par M. l'abbé F. Baudry) (1).

La similitude de ce monitoire légendaire avec la cérémonie de l'excommunication est frappante. Qu'on en juge
par ces lignes de Jean de Bonnefon, décrivant la scène de
la fulmination :

« Trois *monitions* doivent être faites au domicile du
pécheur ; quatre publications doivent être affichées à la
porte de sa maison et au portail de l'église.

« Quand le jour de la fulmination est venu, l'évêque doit
se tenir en habit de chœur sur son trône épiscopal, dans sa
cathédrale. Il est entouré de douze prêtres, flambeaux en
main. Les cloches de la cathédrale et celles des paroisses
sonnent les mortelles sonneries. L'évêque se lève de sa
cathèdre et prononce la formule sacrée :

« *Q'on sépare M. X... et le retranche de la communion*
« *de l'Eglise, de la participation au corps et au sang de*
« *Jésus-Christ. Qu'on le livre au pouvoir de Satan pour*
« *l'humilier et pour l'affliger en sa chair, afin que, venant*
« *à se reconnaître et à faire pénitence, son âme puisse être*
« *sauvée au jour de l'avènement du Seigneur.* »

---

(1) *Annuaire de la Société d'Emulation*, abbé F. BAUDRY, 1863.

« L'évêque dit et les douze prêtres renversent leur douze flambeaux, les éteignent du pied et se séparent après avoir récité le *Requiem,* qui est la prière des morts. » (1).

Comment expliquer cette croyance, si générale en Vendée, que le coupable atteint par le monitoire était condamné à courir le garou ? Les anciennes lois normandes appelaient *loups* les gens mis hors la coutume et la société. Elles disaient, en parlant d'un criminel : *qu'il soit loup (wargus habeantur),* c'est-à-dire qu'il soit traité en bête fauve, le loup symbolisant l'être farouche, sanguinaire et méchant par excellence. De même, les monitoires excommuniaient les coupables réfractaires à l'aveu, c'est-à-dire qu'ils les mettaient hors l'Église et la société des fidèles, qu'ils les faisaient *loups*, ainsi que le disaient expressément les anciennes lois. Les gens du « pauvre peuple » pour qui ce langage symbolique était inintelligible, prirent sans doute cette figure dans son sens littéral et concret et en arrivèrent à croire que l'anathématisé se transformait réellement en bête fauve.

Un autre trait précis se retrouve dans la plupart des légendes relatives au monitoire. Selon les narrateurs populaires, le prêtre ne se contente pas de lire ou de fulminer le monitoire : il le « *lance* ». Et ce mot « lancer » n'est pas pris ici dans un sens figuré et métaphorique ; mais les conteurs lui donnent la valeur d'un mot concret ; ce n'est pas une image, c'est le terme qui exprime un geste réel, une attitude. Le prêtre lançait bien quelque chose. Et quoi ? Je me suis heurté aux réponses les plus vagues, les plus confuses. Les temps ont passé et les souvenirs traditionnels se sont effacés peu à peu. L'un me dit à Saint-Jean-de-Monts (le vieux Crochet) : « Le prêtre avait lancé les *lourds* émollitoires ». Un autre me confirme, à Chaillé, « que les moulitoires *avaient fait grand bruit en roulant* ». Notre laborieux ami, Jehan de la Chesnaye, conte aussi (2) :

____

(1) Jean DE BONNEFON, *Le Journal*, numéro du 11 janvier 1908.

(2) *Contes du Bocage vendéen,* 1902.

« Le malheureux sentit comme un étrange frisson lui courir par le dos quand, au prône, les *petites boules roulèrent* dans l'église ». D'autre part, il nous écrit : « Non seulement la légende dit qu'on lançait les moulitoires, mais réellement des billes étaient lancées — 3 exactement — au moment du prône. J'en tiens l'assurance d'une vieille demoiselle, morte il y a quelques années à l'âge de 85 ans, je crois. *Elle avait vu lancer les moulitoires* ».

On dit encore à Barbâtre (Ile-de-Noirmoutier), que le prêtre, avant de lancer l'*émonitoire,* étalait le drap mortuaire dans l'église. La cérémonie ne se faisait d'ailleurs que le premier dimanche d'avent et le condamné pouvait choisir, doux privilège ! la forme animale qui lui agréait le mieux !

Ce sont là de curieux détails que l'histoire ne peut pas élucider et que les légendes mortes ne diront plus.

UN MONITOIRE

« Le monitoire était une affaire à donner la peur. Écoutez cette histoire que je tiens de mon grand-père, qui me la conta un soir de veillée :

« Il y a de fort longues années, un jour de foire aux Moustiers-les-Maufaits, on ramassa, sur le chemin qui va de ce bourg à Saint-Vincent-sur-Graon, le corps d'un des plus riches métayers du pays. Il avait été tué à coups de fourche et l'outil, couvert de sang, était resté près du cadavre. Le criminel s'était emparé de la bourse de la victime.

« On chercha longtemps l'assassin, mais aucun ne put le trouver. La fourche qu'il avait abandonnée sur le chemin semblait prouver qu'il n'était pas étranger au pays ; aussi, le curé de la paroisse ne voulut point laisser ce crime impuni ; il eut recours au terrible monitoire, qui devait atteindre sûrement le coupable, si lointaine et si cachée que fût sa retraite. Il annonça donc en chaire que, le dimanche suivant, il *jetterait les monitoires.*

« Le jour vint. Le coupable ne s'était pas dénoncé. Dans l'église de Saint-Vincent, il y avait, à la messe, beaucoup d'hommes, mais moins de femmes et pas d'enfants ni de jeunes filles, et on avait encore prévenu les femmes enceintes de ne pas venir si elles craignaient d'être *apeurées*.

« Le prêtre, comme les autres dimanches, chanta sa messe : mais quand il eut dit, debout devant l'autel, l'évangile du jour, il monta lentement en chaire, un cierge allumé à la main et vêtu comme pour la messe des morts.

« Il rappela le crime commis sur la route des Moustiers et demanda au coupable, s'il était dans l'assistance, d'avouer son mal et d'en demander pardon à Notre Seigneur.

« Personne ne répondit. On aurait entendu voler une mouche dans l'église. Les hommes disaient leur chapelet ; des femmes pleuraient, d'autres regardaient dans la foule à genoux si quelqu'un ne se lèverait pas pour crier son remords.

« Une deuxième fois, le prêtre renouvela sa menace. Nul ne bougea encore.

« Enfin, pour la troisième fois, le curé jeta son appel. Et le coupable ne se leva pas.

« Le dernier moment était venu. Le prêtre, du haut de sa chaire, condamna l'assassin à tous les plus abominables supplices de l'enfer, qu'il dénomma un à un, puis il s'arrêta un instant pendant que l'assistance priait. Alors, il souffla la flamme de son cierge en criant : « Que l'âme du méchant « s'éteigne comme cette flamme ! »

« Puis il chanta un *Requiem*, que la foule reprit avec lui en frissonnant, et les cloches sonnèrent à petits coups la remembrée des mourants. »

(Dit par un meunier de Chaillé, octobre 1901.)

*
* *

Le loup-garou de la légende poitevine est un homme transformé en loup par la puissance du prêtre (1). Cette croyance n'est, chez nous, qu'un reste des traditions anciennes, puisque Virgile, Strabon, Varron, Pomponius Méla, Saint Augustin attestent de bonne foi l'existence du garou. La folie de la lycanthropie aura encore contribué, au Moyen-Age, à répandre cette étrange superstition.

On prétendit alors reconnaître les lycanthropes à leur peau, « qui est une peau de loup) retournée, le poil en dedans ». Une assemblée de théologiens, convoquée par l'empereur Sigismond, déclara que le *garouage* était un fait public et elle s'appuya sur un certain nombre de cas, les uns douteux, les autres mal observés.

Il n'était point rare, en effet, de voir des hommes jouer le rôle de loup-garou, soit par fourberie, pour profiter de l'effroi qu'ils répandaient, soit par folie. Des malheureux, exaltés par les récits populaires, finissaient par se croire sous l'empire d'un charme ou sous l'obsession du malin esprit et, dominés par cette monomanie lugubre, ils parcouraient la campagne, vêtus d'une peau de loup, poussant des cris et se livrant à tous les actes d'une férocité furieuse. On les vit se jeter sur les troupeaux, sur les enfants, comme sur une proie qu'ils déchiraient de leurs ongles et de leurs dents.

Ces cas exceptionnels contribuèrent à répandre la croyance aux loups-garous et les tribunaux eux-mêmes furent, à plusieurs reprises, saisis d'affaires de lycanthropie.

Au xvi⁰ siècle, la cour de Dôle condamnait à être brûlé un prétendu lycanthrope, nommé Garnier, qui avait emporté dans un bois un enfant de 13 ans pour l'étrangler et qui, sans l'opposition de ceux qui étaient survenus, l'eût infailliblement dévoré, « *nonobstant qu'il fût jour de rendredi* ». Un peu plus tard (vers 1597), le lieutenant-criminel d'Angers condamnait également Jacques Roulet, comme

---

(1) J'ai recueilli à Velluire une tradition disant que le Diable peut faire courir le garou : il y a évidemment là une substitution, comme il s'en produit souvent dans les légendes.

convaincu d'avoir égorgé plusieurs enfants ; mais le parlement de Paris déclara : « qu'il y avoit plus de folie, en ce pauvre idiot, que de malice et de sortilège et ordonna que ledit Roulet seroit mis à l'hôpital Saint-Germain-des-Prés, pour y demeurer l'espace de deux ans, afin d'y être instruit et redressé, tant de son esprit que ramené à la connaissance de Dieu, *que l'extrême pauvreté lui avoit fait méconnaitre !* » Cet arrêt, fort sage, fut rendu à la fin de novembre 1598, sous la présidence de M. de Thou, au rapport de M. de Cogneux.

D'autre part, on indique encore aujourd'hui au touriste, en Bretagne, à Sainte-Tréphime, près de Saint-Nicolas-du-Pélem, une poutre enlevée à l'abbaye de Bon-Repos, dans la Cornouaille, et sur laquelle est gravée une inscription ayant le pouvoir d'éloigner les loups-garous.

Le garou, *la beste bigorne qui court la galipote,* marche à quatre pattes. Les légendes nous font voir généralement ce monstre sous les traits d'un vrai loup, avec de longues dents, des griffes aiguës, des yeux de flamme, une gueule rouge et béante, d'où s'échappent des hurlements terribles. Le garou ne veut pas être troublé dans sa course nocturne ; il aime la chair fraîche, et déchire volontiers les enfants et les chiens. Son supplice cesse dès qu'un chrétien lui fait une blessure, même légère, à la patte ou au front : il suffit qu'une goutte de sang coule pour que sa *carrière* soit finie. Mais malheur à celui qui manque son coup : il est dévoré sur-le-champ par les garous. D'autre part, si une première atteinte d'une arme bénite ramène le garou à la forme humaine, un second coup le tue, et, dit-on, nombreux sont les malheureux garous qui, tués ainsi, reposent sans prières au pied des chênes et des croix.

Le garou tient aussi à garder le secret de son malheur, et si un étourdi publie la nouvelle qu'un gâs court le garou, il mourra certainement dans les huit jours qui suivront (1).

(1) Dans certains cas, le garou prend les allures d'un vulgaire bandit ; on le représente alors vêtu de haillons et coiffé d'un large chapeau rabattu sur les yeux.

Le pacte de sept ans recommence pour le garou chaque fois qu'il est reconnu sous la forme de loup et qu'on l'appelle par son nom.

GOJON LE GAROU

Le 16 août 1902, j'ai recueilli, à Saint-Jean-de-Monts, la légende de garou la plus complète que je connaisse. Elle m'a été contée par le père Crochet, dit *Jamb' inc,* type curieux du vieux Maraichin, grand collecteur de contes et de dits, un légendier vivant. Je le revois encore, maintenant que je transcris son conte en fidèle interprète, accoudé sur la table d'une auberge, la tête enfoncée entre les épaules, le menton ceint d'un collier de barbe hirsute, l'œil tantôt gris et terne, tantôt brillant d'un regard fin et intelligent, et, parfois, d'un rapide éclair de malicieuse raillerie ; il me débitait ses légendes, mi-convaincu, mi-sceptique, d'un air calme de philosophe, sans quitter du coin de ses lèvres noircies sa petite pipe de terre rouge, courte, ébréchée, aussi vieille que lui.

Je lui laisse la parole, en me bornant à traduire en français ses phrases maraichines :

« Ma grand' mère *Martinelle* me dit, alors que j'étais tout jeune, que son homme avait eu autrefois à son service un domestique nommé Gojon. Ce gâs était déjà depuis cinq ans dans la maison. Or, le jour de la foire des *Minés,* il revenait de Challans avec plusieurs autres de son âge. Les jeunes gens s'arrêtèrent dans une auberge du Perrier, où ils volèrent un petit chat. En s'en allant, ils l'emportèrent avec eux, — ce qui était déjà un mal, puisqu'ils le volaient, — et, en passant au Puits-de-l'Ile, ils le jetèrent dans la fontaine, — ce qui était un deuxième mal, puisqu'ils détruisaient inutilement une bonne bête. Bien que la faute ne fut pas grande, les gâs rentrèrent chez eux l'âme troublée et dormirent mal. Le curé de Saint-Jean-de-Monts eut vent de cette histoire de chat, et, quoique cette *harde* (1) *ne fut point conséquente* (2), il lança, un dimanche, les lourds *émollitoires*.

« Celui qui avait volé et noyé le chat ne se dénonça pas ; aussi, les témoins innocents de la faute furent-ils condamnés avec lui à courir le garou.

« Le pauvre Gojon en était, et la *hère* le prit tout de suite. Alors, ne voulant point faire connaitre son mal à mon *pépé* (grand-père) *Martinéa*, il lui dit, un jour, qu'il allait s'en aller ; il lui remit son denier, parce que son temps de service n'était pas achevé, et il partit se gager à l'Ileau.

« Là, toutes les nuits, il courait le garou, soit en loup, soit en chien, soit en *goret*. Tous les matins, à la même heure, il sautait de son lit en hurlant, et, à la porte, il se réunissait à d'autres malheureux comme lui. Puis, il traversait avec eux la cour de la métairie, suivait une *charrau* (3), passait un fossé sur une planche et entrait dans une prée, où son camarade de la ferme, le deuxième valet, gardait les bestiaux depuis la première aube du jour. Les animaux avaient peur et reniflaient l'air. Enfin, après avoir couru loin, bien loin, dans les brumes du *Marau* (marais). Gojon revenait à la maison, la figure pâle, les vêtements souillés de boue, et il restait triste et presque muet toute la journée.

« Un jour, son camarade lui dit : « Ce matin, j'ai vu un
« chien qui a passé à côté de moi, dans la prée ; les bêtes
« ont eu peur, parce qu'il avait sous les pieds des flammes
« de feu... »

« Gojon ne dit rien, mais il courba plus bas la tête et se mit à pleurer.

« Une autre fois, son ancien patron, mon *pépé Martinéa,*

(1) Chose.

(2) Importante.

(3) Chemin bordé de fossés.

qui le regrettait beaucoup, l'avait invité à venir un jour
chez lui. Gojon y alla ; mais, au matin, quand la *hère* le
prit, il fut obligé de se lever et de courir encore, las ! par le
Marau. Quand il fut de retour, tout en sueur et *aqueni* (1),
il eut honte de se présenter devant *Martinéà* et il s'éloigna
en sanglotant.

« Un soir, le second valet lui dit : « C'est toujours moi
« qui gardes les bêtes le matin ; dès l'aube, demain, tu
« viendras m'aider dans la prée. Je te réveillerai à mon
« départ ! » Oui, mais à l'aurore, il eut beau secouer Gojon,
il ne put le réveiller et ne trouva qu'un cadavre : l'âme
avait quitté le corps et courait le garou.

« Enfin, n'en pouvant plus de cette vie pleine d'affres,
Gojon prit à part son camarade et lui confia son secret :

« Tu sais, lui dit-il, je souffre beaucoup ; je suis con-
« damné ! Sais-tu qui passe tous les matins à côté de toi en
« hurlant, avec des flammes de feu sous les pieds et des
« éclairs dans les yeux ? Sais-tu ce chien qui court sur la
« planche, à l'aube ? Sais-tu la bête qui suit la *charrau* ?
« Sais-tu qui fait peur à tes bœufs et fait dresser le poil de
« ton chien ? C'est moi ! Ah ! que tu me rendrais un grand
« service si tu voulais seulement faire couler une goutte de
« mon sang : je serais délivré ! »

« Le camarade, apitoyé par un si grand malheur, le
voulut bien.

« Prends ta fourche au lever du soleil, reprit Gojon ;
« rends-toi à la planche ; nous serons sept et je serai le
« septième : pique-moi à la tête et n'aie pas peur ! »

« Le lendemain, les sept garous passèrent, en effet ; mais
le domestique eut peur et il n'osa frapper. « Pourquoi ne
« m'as-tu pas porté le bon coup ? lui dit Gojon quand ils
« furent seuls ; tu prolonges encore ma souffrance. Demain
« nous passerons de nouveau et je serai le troisième. Cette

(1) *Aqueni*, très fatigué, défaillant.

« fois, je t'en supplie, ne me manque pas ; je te donnerai
« mon gage de l'année ! »

« La troupe de loups passa encore le lendemain ; cette
fois, la main du valet ne trembla pas et, vigoureusement,
planta au front du loup la fourche bien lancée...

« Gojon était délivré : il redevint un homme, mais le
trou de la fourche resta toujours marqué sur son front. Les
autres loups s'enfuirent en poussant de grands cris et en se
redressant sur leurs pattes de derrière.

« Puis, comme il l'avait promis, le valet remit son gage
à son ami pour le récompenser et lui donna ce bon conseil :

« *Quand tu verras faire le mal, déclare-le bien vite si tu*
« *ne veux pas courir le garou.* »

* * *

« Ma grand' mère *Martinelle* m'a dit encore qu'autrefois,
il y a bien longtemps, quand elle n'avait que *sept* ans, un
garou vint autour de la maison pendant *sept* années. Mais
mon grand-père, qui savait que *ces espèces de hardes étaient
des éprouves*, disait à tous de respecter le garou. D'ailleurs,
le curé de Saint-Jean-de-Monts, en ce temps-là, déclarait
qu'il regrettait toujours de faire courir les *émollitoires*. »

(Dit par le père Crochet, de Saint-Jean-de-Monts,
le 16 août 1902.)

* * *

Le *Galouc* de l'Ile-d'Elle, avant la construction du pont
du Gouffre, au confluent de la *Vendée* et de la *Sèvre-Niortaise,* devait sauter la rivière à pieds joints, portant dans sa
gueule un veau de deux mois.

* * *

« Un ouvrier charpentier, Pierre J..., vivait, il y a une
soixantaine d'années, dans une maison de Nesmy, où il y

avait six filles condamnées par les monitoires à courir le
garou. Pierre couchait à côté de leur chambre ; aussi, la
nuit, les voyait-il passer toutes les six, sous la forme de
chattes, par un petit trou laissé par une poutrelle d'échafaud
et situé jusqu'en haut du mur. Il ne put rester dans cette
terrible maison, où les cheveux lui dressaient sans cesse
sur la tête. »

(Dit par ma mère, septembre 1902.)

*
* *

Les balles que l'on veut tirer sur les loups-garous doivent
être bénites. Une nuit, un garou fut blessé par une balle
bénite et obligé de se faire connaître : c'était un voisin,
condamné à courir le garou pendant sept ans. Sa terrible
expiation allait bientôt finir ; la blessure contraignit le
malheureux à recommencer les sept ans de supplice.

*
*

« Mes grands parents maternels ont eu à leur service,
comme journalière, une femme qui courait le garou. Mon
grand-père, étant un soir pris d'un violent accès de goutte,
avait manifesté le désir que cette femme, qui demeurait
dans une maison très basse de la rue de la Redoute, en
Challans, vint le soigner. Ma grand' mère s'en fut la chercher ; mais, lorsqu'elle pénétra dans le logement de la journalière, la porte, — bien qu'il ne fit pas le moindre souffle
de vent, — se referma toute seule et si bruyamment que
ma grand' mère crut que la maison s'effondrait. En même
temps, elle entendit des aboiements épouvantables partir de
la cheminée, où elle vit une bête toute noire — qu'elle prit
pour un chien de forme bizarre — dont les yeux flambaient
tellement qu'elle eut peur et appela, angoissée, à diverses
reprises, mais sans succès, la journalière qui, le lendemain,
expliqua d'une façon si étrange son absence et la présence
chez elle de ce chien, que personne ne lui connaissait, que
mon grand-père la congédia. »

(Dit par M. Aug. Barrau, septembre 1902).

* *
*

Un valet de ferme, nommé Jean, fit, une nuit, dans un bois, la rencontre d'un garou à corps de chèvre et à tête de chien. La bête étrange lui dit : « N'aie pas peur, Jean, je suis ton camarade Pierre ». Et il ajouta : « Maître Joset, not' maître, est possédé du malin esprit, et il m'oblige ainsi à courir toutes les nuits pour faire du mal à ses ennemis. Je ne serai délivré de ce mauvais sort que lorsque quelqu'un aura tué la bête que je deviens chaque soir. Jean, mon ami, rends-moi ce service : vendredi prochain, treize bandes de treize garous iront à la grande éclaircie du bois de Pierre Levée. Je serai le septième de la septième treizaine ».

La nuit indiquée, Jean se rendit dans la clairière armé d'une *fourche neuve* bénite par le curé. Il frappa hardiment le septième garou de la septième treizaine et, lui laissant la fourche au milieu du front, il revint, très ému, vers la métairie. Il y trouva son camarade, radieux d'être délivré. Mais, le lendemain, profitant de l'absence de maître Joset, il se rendirent à la clairière. Ils y trouvèrent leur maître, raide mort, le front percé d'un coup de fourche entre les deux yeux !

(Mouchamps, 1906.)

* *
*

A la Boissière-des-Landes, les garous fréquentaient, dit-on, des tènements aux noms bien significatifs : le pré de la *Casse-Noire,* le champ de la *Poule,* la *Croix-Blanche,* et les landes de la Burcerie. On a dit que les charbonniers de la Burcerie, gênés dans leur travail par leur passage fréquent, avaient, pour cette raison, transporté ailleurs leurs charbonnières !!

* *
*

Une nuit, un garou, transformé en taureau, s'attarda dans un pré avec d'autres taureaux. Un homme, qui tra-

versait la prairie, voulut écarter la bête de son passage.
Mais l'animal se dressa sur ses pattes de derrière et s'écria :
« Passe ton chemin, le gâs ! ». Le voyageur, à l'accent de
la voix, reconnut le garou : « Es-tu fou de te montrer ainsi
devant un ami ! lui dit-il. — Va t'en bien vite, reprit le
garou, car si mes frères étaient là, tu serais mis en pièces ! »

* *
*

Un jour, une femme de Chaillé *métivait* avec son homme.
Depuis quelques semaines, celui-ci, qui, jusque-là, avait
toujours été vigoureux et gai, devenait maigre, pâle et
triste. Un jour donc qu'ils travaillaient côte à côte, sa
femme lui demanda ce qu'il avait : « Je vais te le dire tout
de même, dit l'homme avec un grand soupir : Tu te souviens
de ce soir, à la vente (1) du grain, où je donnai un coup
de bâton à ce chien qui nous regardait travailler ? Eh bien !
je suis damné, car ce chien était un homme, et, ce qui est
pis, un homme sorcier qui a jeté la *hère* sur moi et me fait
courir toutes les nuits le garou. Si tu veux me guérir, il
faut que tu ailles ce soir dans le fond de... Nous passerons
sept et je serai septième ; tu me donneras, sans avoir peur,
un coup de fourche sur la patte : si je saigne, je serai délivré ; si tu me manques, nous te mangerons ! »

Le soir venu, la vieille fit ce qui avait été entendu et
piqua le loup à la patte ; le sang jaillit, et, en même temps,
l'homme, sortant de sa peau de bête et secouant sa main
toute rouge, s'écria : « Je suis sauvé ! » Sa carrière était
finie.

(Dit à Chaillé-sous-les-Ormeaux, par H. Arrivé, meunier,
septembre 1901).

*
* *

Une nuit, alors qu'il pleut « à pleins seaux », un voyageur
frappe à la porte d'une maison, où il aperçoit de la lumière.

____

(1) A la ventée.

On ne répond pas ; alors, il regarde par le trou de la serrure et voit cinq chiens, une levrette et une chienne, au poil trempé de pluie, et qui se chauffent à la flamme d'un grand feu. Il frappe encore, voulant éclaircir cet étrange mystère. La porte s'ouvre enfin, et qu'aperçoit-il ?

Cinq hommes et deux femmes à l'air bien tranquille de bons veilleurs attardés ! Ils venaient de courir le garou.

LE DÉFILÉ DES GAROUS

« Venez donc vite voir ces bêtes qui passent là-bas, sur deux rangs ! » disaient, par un soir de l'année 1813, les gamins du bourg de l'Ile-d'Olonne en courant vers le village de Chanclou. Et, de fait, l'on vit quelque chose de bien étrange.

Des loups arrivaient en groupe vers le village, lentement, marchant gravement au pas comme des soldats disciplinés. Les cris de stupeur des gens ahuris ne les émurent nulle-ment, et ils passèrent devant eux, deux par deux, bien alignés, la tête haute, l'œil en feu, faisant sonner la terre sous leur patte roidie. Il étaient *treize* et l'un d'eux, faisant l'office de chef de bande, marchait en tête et se retournait parfois en arrière pour veiller à l'alignement de sa troupe.

Les braves habitants restèrent ébahis et, quand la bande louvière eût disparu au détour du chemin :

« Ça pourrait bien être des soldats maraudeurs et leur chef qui *garoutent* par là ! » dit sentencieusement un vieillard qui avait connu le métier dans le bon temps de la maraude.

« Je croirais plutôt que ça nous prédit un grand malheur de guerre, ajouta un autre, cette bande de loups-soldats qui s'en vont par là. Je parie que ce sont les gâs du pays qui vont, cette année, mourir pour l'Empereur ! »

(L'Ile-d'Olonne, 15 août 1902.)

* * *

Sept loups-garous, sous forme de chiens noirs, apparaissent parfois au pont de l'Eraudière et autour des pierres levées d'Avrillé.

Il y a, près de Fontenay-le-Comte, à Pahu, un *Chirongarou,* où apparaît, dit-on, une lumière.

* * *

Près de Rocheservière, au Sagaurin, non loin du bois de la Touche, vingt-huit garous, sous forme de bœufs, faisaient un soir une procession. « Les beaux animaux ! » dit tout haut quelqu'un qui les vit. Mais un bœuf répondit : « Tu serais bien mieux ailleurs qu'en notre compagnie ! »

(Jehan de La Chesnaye.) (1).

LES LOUPS-CERVES

Les loups-cerves ne se trouvent que dans le Marais du nord, aux alentours de Beauvoir et de Saint-Jean-de-Monts. Ils sont de couleur noir ou fauve ; ils sont méchants et ont la réputation de faire peur aux ivrognes attardés, notamment à la chaussée de Malentendu, près de Beauvoir.

Dans leurs pérégrinations nocturnes, ils sont condamnés à passer la mer, entre la côte de Monts et l'Ile-d'Yeu, dans des sabots ou sur une botte de paille, et on les entend hurler dans les nuits de tempêtes.

(Dit par Mme Aug. Thibaud, de Saint-Jean-de-Monts,
le 16 août 1902.)

(1) *Contes du Bocage Vendéen,* Revue du Bas-Poitou, 1902. — *Au Pays des Chouans,* Terre Vendéenne, 1907.

* *
*

You
Mets la patte sù la mene et chantons
Tretous.
Dans les Avents, les garous couront.

(Saint-Michel-en-l'Herm).

* *
*

Les balles qu'on destinait aux garous devaient être
bénites. Quelquefois, on les passait dans ses *puaous* (cheveux), ou l'on mordait dedans.

D'après certaines légendes, les balles bénites tuent le
garou, et non l'homme, alors que les autres êtres de la
nuit, galipotes et garaches, sont bel et bien occis par les
balles dans leur double nature humaine et métamorphique.
Il y a là un cas intéressant de dualité. Lorsque la balle
atteint la bête, le garou tombe mort, et l'homme apparaît,
dépouillé de sa forme louvière et délivré, comme lorsqu'on
le frappe au front ou à la main d'un ou de trois coups de
fourche ou de couteau. On dit aussi parfois que sa taille,
alors, s'est élevée et que l'une de ses jambes s'est allongée :
est-ce pour cette raison que les boiteux font naître, en certains endroits, quelque défiance à leur égard ?

* *
*

Les garous se réunissaient à la *Croix-de-Bois,* près de
Saint-Denis-du-Payré ; à Saint-Juire-Champgillon, dans
un petit pré clos situé sur une hauteur et appelé *Clos-du-
Moulin-Blanc ;* à la *Pierre-qui-Vire,* en Longeville ; à la
Pierre-Folle du Plessis, au Bernard ; à la *Pierre-à-la-
Payenne,* au dolmen de l'Herbaudière, aux croix de la
Mnisière et des *Sorts,* en Noirmoutier, où apparaissaient
des taureaux noirs aux yeux de feu ; à la *Balingue,* dans la
forêt de Mervent.

Les garous apparaissaient encore : à la *Croix-Crocion,*

près de Breuil-Barret, et ils y buvaient dans un creux d'une pierre debout ; à la croisée du *Petit-Lys*, non loin de la Châtaigneraie ; au hameau de la *Cantinière,* près de la Flo-cellière, où le garou, « de la taille d'un veau », avait un pelage blanc ; au bois de *Malvergne,* près des Lucs, où les garous s'accroupissaient sur un siège de pierre « pour hurler plus à leur aise » ; au terrier du *Pé,* en les Lucs, fréquenté par les filles qui garoutent ; à la *Fontaine des Garous,* dans le pré du Souci, près de Chantonnay.

Quand on voit un garou, il faut avoir un couteau d'acier dans sa poche ; on l'en tire et l'on souffle dessus. Le garou s'arrêtera et, si l'on fait le signe de la croix, il s'enfuira.

(Sérigné).

Autrefois, parait-il, à Benet, des chiens erraient la nuit et suivaient les personnes attardées. Une fois, un homme, étant poursuivi par l'un de ces chiens, fit le geste de tirer sur lui. Mais alors une voix lui dit : « Je t'en supplie, ne tire pas ; je me ferai connaitre ! » Et, en effet, l'homme vit devant lui un vieillard que l'on disait sorcier.

Notre ami Jehan de la Chesnaye a conté, sous ce titre : « *Le grand Valet de la Sicaudais* », une très intéressante histoire de garous. C'est l'aventure d'un valet de ferme condamné à garouter à travers les paroisses de l'Herber-gement, Saint-Sulpice, Rocheservière, Vieillevigne, etc., et qui prend part aux plus bizarres et aux plus tragiques événements (1).

(1) *Revue du Bas-Poitou*, 1902, et *Terre Vendéenne*, 1907.

LES DEMOISELLES AU GAROU

C'est un bien triste sort pour les belles demoiselles que de *garouter*, car, presque toujours, au cours de la chevauchée nocturne, une balle bénite vient cruellement les tuer au passage de quelque *échalier*.

I. — LA DAME DE NOIRMOUTIER

Une femme *Noirmoutrine*, un soi-disant garou, venait tous les *sairs* (soirs) à l'*abbonaye* (abbaye) d'Orouët, entre Saint-Jean-de-Monts et Saint-Hilaire de Riez. Elle arrivait à la tombée du jour, drapée dans une grande robe toute blanche *comme l'écume d'une neuvième vague* (1). Elle se reposait longtemps dans la grande métairie qui est à côté de l'*abbonaye* ; c'est en vain qu'on essayait de la chasser : la dame blanche restait muette et, malgré les menaces, elle ne bougeait pas. D'ailleurs, elle ne faisait point de mal. Cela dura ainsi deux ou trois ans.

Enfin, on voulut la tuer. Un homme, le plus hardi du village, prit un jour un fusil comme elle arrivait, mais il eut beau tirer sur la *gachette*, remplacer la poudre et l'amorce, *il ne put détacher le coup*. Quand, par hasard, le chien tombait, la poudre ne brûlait pas.

Alors, ce que voyant, l'gâs *dau Marau*, qui ne voulait pas renoncer à son vilain projet, prit un dimanche une balle dans sa poche et se rendit à Saint-Jean. Il désirait que sa balle fut bénite, mais à l'insu du prêtre qui ne l'eût pas fait s'il eût connu le criminel usage auquel elle était

---

(1) Les vagues qui déferlent sur les plages n'ont pas toutes la même amplitude. On croit à Saint-Jean-de-Monts qu'elles se succèdent par *neuraines* régulières et que la neuvième vague est la plus forte et, par suite, la plus blanche d'écume. C'est cette croyance qui explique l'image pittoresque employée plus haut par mon narrateur.

destinée. Aussi, entra-t-il dans l'église avant la grand'messe et cacha-t-il sa balle sous les tentures du rétable. A l'*asperges,* le curé bénit l'autel et, par suite, la balle qui y était dissimulée.

A la fin de l'office, le gàs reprit le projectile et revint à Orouët. Il chargea son fusil et attendit la nuit, caché derrière un mur. A la tombée du jour, la dame apparut encore et, cette fois, le coup de feu partit bien.

Oui, mais ce n'était point un soi-disant garou que l'homme avait tué; ça se trouvait être une belle femme de Noirmoutier. Alors, le *crusil ine fousse* à côté de sa *bourrine* (hutte), et il mit la dame dedans avec un peu de terre. Ensuite, il tua un chien qu'il déposa aussi dans le trou, sur le cadavre. Puis, il ferma la fosse, la battit des pieds et, sur elle, dressa une *mouche* (tas) de bois...

Cinq jours après, l'époux de la Noirmoutrine vint directement la chercher à Orouët; sans hésiter, il renversa la mouche et creusa la terre fraîchement battue; il trouva bien vite le cadavre du chien, mais il ne crut pas devoir chercher plus profondément et, déçu, il cessa ses recherches. Puis, jetant sa pioche, il s'en retourna par la solitude des marais, la mort au cœur.

(Traduction littérale d'un récit du père Crochet, de
Saint-Jean-de-Monts, recueilli le 16 août 1902.)

II. — DEMOISELLE DE PARIS

Demoiselle de Paris,
Prête-moi tes souliers gris.

(Chanson enfantine de Vendée.)

Une demoiselle de Paris fut changée en lièvre et tirée par le propriétaire du moulin Forestier, à la Merlerie, sur les bords de l'*Yon.* A dater de ce moment, la farine du vieux meunier se changea en son.

(Dit par H. Arrivé, meunier à Chaillé, septembre 1901.)

III

A Champdenier, un garou venait toutes les nuits troubler les habitants d'une ferme ; une balle fut bénite, qui atteignit la bête : mais, alors, on reconnut que c'était une demoiselle de Paris, vêtue de riches habits et parée, au cou, d'un merveilleux *esclarage* à plaques d'or.

Les criminels firent ensuite une fosse, y jetèrent le corps, placèrent un peu au-dessus le cadavre d'un chien, fermèrent la tombe et élevèrent en cet endroit une *mouche* de fagots. Les magistrats vinrent, un jour, accompagnés d'un petit chien qui avait appartenu à la demoiselle et qui se mit à tourner avec persistance autour de la mouche. Les fagots furent enlevés ; on fouilla le sol et on découvrit le cadavre du chien, mais on n'eut pas l'idée de creuser plus profondément.

IV

Un garou venait tous les soirs, sous la forme d'une chèvre blanche, au moulin de la Roussière et mangeait la farine dans la trémie. On la tua : c'était une riche demoiselle de Paris. Elle fut enterrée sous une *barge* de bois. Mais des messieurs noirs vinrent un jour de la ville avec un petit chien qui fit découvrir le corps de la malheureuse et la maison des coupables.

(Dit par ma mère) (1).

Une garache fut tuée à l'Aubonnière, en Saint-Michel-Mont-Mercure : c'était une demoiselle d'Angers.

V

On tua un jour un garou à la Touchette de Chaillé : on vit que c'était une belle demoiselle d'*Angleterre* et on sut,

---

(1) J'ai retrouvé la même légende à Thouarsais-Bouildroux.

plus tard, qu'elle avait été condamnée à courir le garou, tous les soirs, à la même heure.

Une demoiselle de *Tours* fut aussi tuée, dans la même commune, parce qu'elle avait été prise pour un garou.

Ne serait-ce pas là, peut-être, une réminiscence des crimes nombreux commis naguère par les atroces *Chauffeurs* de Vendée ?

(Dit par H. Arrivé, septembre 1901.)

VI

Un chien lévrier venait boire tous les matins à Saint-André-*Treize*-Voies ; on le tua : c'était une jeune fille de Pont-Rousseau (Nantes).

Une chienne reçut un jour un coup de fusil et mourut près du moulin de la Rouette : c'était une fillette de Saint-Denis-la-Chevasse (1).

VII

Près de la cabane de la Petite-Lamberde, non loin de la Tour de Moricq, une reine d'*Angleterre*, condamnée par le monitoire, fut tuée pendant une de ses courses nocturnes.

VIII. — LA BIGOURNE DE SOULISSE

Il y avait une bigourne qui fréquentait toutes les nuits, pendant plusieurs mois de l'année, la cabane de Soulisse, au pied du coteau de l'Ile-d'Elle. Quelquefois, de l'intérieur, les habitants entendaient dehors comme un bruit de ramée, et, par la fenêtre, ils voyaient souvent passer la bigourne à longue barbe blanche et aux cornes de chèvre. Alors, ces gens, qui respectaient le triste sort du pauvre garou, allaient se mettre au lit : aussitôt, la bigourne entrait, et, jusqu'à minuit, montait et descendait l'escalier.

---

(1) JEHAN DE LA CHESNAYE : *Au Pays des Chouans.*

Or, on changea un jour de serviteur à la cabane, et le nouveau domestique, nommé Morin, jura d'avoir raison du mystérieux animal. Une nuit de tempête, il fit le guet à la porte de la grange, et, à minuit, comme la chèvre blanche, quittant la maison, s'en allait dans la pluie vers la Levée-des-Fresnes, il fit feu et courut vers sa victime : c'était une belle jeune fille, vêtue d'une robe de soie et couverte de riches et nombreux bijoux.

Les gens de la ferme accoururent et n'osèrent demander au méchant Morin s'il était le coupable. Pour cacher le crime, on creusa une fosse à la hâte, on y déposa le cadavre avec ses riches ornements et l'on y ajouta une brebis fraîchement égorgée. Le trou fut comblé et recouvert d'un tas de bois.

Quelque temps après, Morin partit en bateau vers Marans; mais il ne revint jamais : sa barque avait dû couler dans le courant de la Sèvre.

Puis, un jour, on vit venir à la cabane un monsieur, une dame et une belle demoiselle, suivis d'un petit chien. Ils demandèrent aux gens si une jeune fille, couverte de bijoux, n'était pas passée par là. Il leur fut répondu que non. Mais le petit chien, en tournant autour des fagots, fit découvrir la victime. C'était une jeune fille de *Niort,* et les personnes qui la venaient quérir étaient son père, sa mère et sa sœur.

(D'après Augustin Simonneau, de l'Ile-d'Elle) (1).

IX

Une nuit, deux chasseurs étaient à l'affût des lapins, vers Saint-Avaugourd-des-Landes. Ils entendirent soudain les bruits d'une rapide foulée, comme une meute au galop; ils

---

(1) Aug. SIMONNEAU : Il a brièvement esquissé cette histoire dans la *Revue Poitevine et Saintongeaise.* M. J. Guérin l'a reprise en patois dans une exquise poésie, faisant partie d'un gracieux recueil : *Trelans et Rigourdaines,* Paris, librairie F. Didot, 1892.

aperçurent bientôt sept loups qui bondissaient en ligne par dessus les haies et les échaliers et se rendaient, bien en rang, vers la croisée de la *Forêt*. Rapidement, les deux braconniers firent un signe de croix et visèrent le dernier loup : la bête tomba en poussant un cri de douleur. C'était une demoiselle de *Paris,* condamnée à courir le garou.

X

La légende de la demoiselle au garou offre des variantes extrêmement nombreuses et, dans quelques-unes, on donne même à la malheureuse le nom de *Garache*, être lugubre dont nous parlerons plus loin. C'est le cas de la Garache de la Fosse à Dornez (1).

Cela se passait vers le Bernard, il y a fort longtemps. Une femme très riche de la ville de Niort, appelée Dornez, apparaissait chaque soir sous la forme d'une chèvre blanche. Elle avait été condamnée à ce triste rôle en raison de ses fautes. Elle entrait dans les étables de la Rochette, faisait mugir les animaux et, parfois, posant ses pieds sur l'appui de la fenêtre, montrait aux gens de la ferme sa barbe blanche.

Jusque-là, quoiqu'on l'eût tirée déjà bien des fois, on n'avait pu la tuer. Mais un paysan la visa avec une charge de trois *pains bénits,* qu'il avait conservés des dernières fêtes de Noël, et le pauvre être fut mortellement atteint. Alors, sous sa peau de bête, elle apparut couverte de bijoux et de pierres précieuses, et le villageois, dans sa cupidité, l'acheva cruellement et l'enterra dans l'endroit même, qui s'appela depuis la Fosse à Dornez.

Quelque temps après, dirigés par un chien, les parents de la dame Niortaise vinrent dans le pays pour la chercher.

____

(1) *La Vendée avant 1793*, par P. L. P. — Pacteau, Luçon.

XI

A Coubaron (Poiré-de-Velluire), apparaissait autrefois, chaque nuit, un mouton blanc qui faisait peur aux habitants. Les chiens aboyaient à son passage et le poursuivaient sans pouvoir l'atteindre. Certaines nuits, il disparaissait; on disait alors qu'il allait à Paris. Un soir, deux hommes tendirent un filet en travers du chemin et se dissimulèrent derrière une haie. Le mouton blanc survint, suivi de la horde des chiens, et se jeta tête baissée dans le filet qui s'abattit sur lui. Les hommes accoururent alors et allumèrent une lanterne. Le mouton blanc s'écria : « Je suis une demoiselle de Paris! » et mourut aussitôt.

(Le Poiré-de-Velluire, 1905.)

XII. — LA BELICHE DE LA COUR DE CELLETTES

Quelques années avant la grande Révolution, les fermiers de la Cour de Cellettes voyaient leurs bestiaux dépérir et leurs étables se dépeupler.

Une nuit entière, les chiens hurlèrent à la mort.

Les gens s'interrogeaient sur les causes de ces aboiements insolites.

Le même vacarme se renouvela plusieurs soirs de suite.

Un certain soir, un valet aperçut un animal fantastique, effroyablement agile, courant aussi bien en avant qu'en arrière. Il prévint ses maîtres et ses camarades. Tous étaient consternés. Certainement, suivant eux, c'était un être diabolique qui voyageait ainsi et qui causait souvent la perte de quelques-uns de leurs animaux. Pour conjurer ce maléfice, il fallait, disait-on, tuer la bête immonde. Mais on savait, d'après les ancêtres, que ces êtres à part ne pouvaient être tués par les moyens ordinaires. On laissa passer la nuit. Le lendemain matin, le fermier alla trouver le prieur Gagelin, de Sainte-Christine, et lui fit bénir des chevrotines.

Retourné chez lui, il remplit avec ces balles son canon de fusil jusqu'à la gueule, se cacha dans une vieille grange dépourvue de porte, bien décidé à détruire la cause, suivant lui, de ses déboires. Ce soir encore, les chiens se mirent à aboyer et à poursuivre une forme étrange. Le fermier tira et abattit l'animal fantastique. Il courut voir ce qu'il avait tué. Quel fut son étonnement en voyant inanimée une jeune et gentille demoiselle d'une vingtaine d'années, parée de beaux atours. Les gens de la ferme accoururent aux cris du maitre et tout le monde fut consterné. Que faire de ce cadavre ! Certainement, la maréchaussée allait faire des recherches et envoyer l'auteur du méfait dans quelque cachot obscur en attendant la potence !

Après mûres réflexions, on décida de creuser une fosse et d'y enfouir la gente demoiselle. Ce qui fut fait en un clin d'œil. Pour détourner tout soupçon, on enleva les cinq cents fagots qui étaient entassés à côté et on fit un nouveau bûcher sur la fosse qu'on venait de creuser.

Quatre ou cinq jours après, on vit arriver à Cellettes un monsieur et une dame un peu âgés et un jeune homme (sans doute le fiancé de la belle demoiselle tuée), accompagnés de cinq chiens qui furetaient partout. Les voyageurs arrivèrent à la Cour et demandèrent si l'on avait vu une jeune demoiselle étrangère au pays et vêtue très richement. Les gens de la ferme répondirent qu'ils n'avaient rien vu. Pendant ce temps, les chiens des étrangers faisaient le tour du nouveau bûcher en poussant des hurlements plaintifs. Le vieillard demanda s'il y avait longtemps que ce bûcher était là. On lui répondit affirmativement. Les chiens ayant persisté à gratter la terre autour des fagots, les étrangers demandèrent la permission de les enlever. Le fermier, se voyant perdu, leur défendit expressément et dit que s'ils touchaient à ses fagots, il allait prendre son fusil et tirer sur eux, qu'il était et voulait être maitre chez lui.

Les étrangers s'éloignèrent en maugréant et en promettant de revenir avec la maréchaussée, car certainement c'était là que leur demoiselle avait été tuée et enterrée.

On ne les vit jamais revenir, mais pendant bien longtemps les fermiers ne vécurent que dans des transes continuelles !

(Alphonse Veillet, d'Aziré de Benet, 1907.)

LA BIDOCHE

La bidoche apparaît la nuit, comme le loup-garou. Mais la légende en fait un être bien différent du garou : l'individu qui s'incarne dans ce dernier est une victime de l'anathème du prêtre ; au contraire, l'esprit qui habite la bidoche n'est pas dans un état passif : c'est un véritable nécromant, qui peut, *à son gré,* se transformer en toutes sortes d'animaux plus ou moins fantastiques :

« Minuit ! Aux carrefours étroits et déserts, les *bidoches* « minuscules progressivement deviendront énormes en « suivant les passants oublieux du signe de la croix ! ». (Aug. Barrau) (1).

Je n'ai trouvé la légende de la bidoche que dans le marais du Nord de la Vendée. Cet être bizarre est généralement inoffensif et il apparaît, le plus souvent, sous la forme d'une chèvre ou d'un mouton blancs.

Une nuit, un fermier de la *Brionnière,* en Beauvoir, tua une bidoche avec une balle bénite et cela lui porta malheur.

* * *

« La bidoche se fait de plus en plus rare. Mon camarade de communion — un gaillard pas peureux ! — un soir qu'il revenait du marché de Challans, où il avait fait sans doute de copieuses libations, en a poursuivi une pendant plusieurs kilomètres sans pouvoir l'atteindre. Il m'a raconté que, tout d'abord, la bête, blanche comme la neige, était de la grosseur d'un petit veau et était devenue progressivement

---

(1) Aug. Barrau, *Flacons d'Histoires.*

énorme; puis, elle avait insensiblement diminué et, au moment où il allait la saisir, elle n'était pas plus grosse qu'un chat! »

(Dit par M. Aug. Barrau, septembre 1902.)

LA GALIPOTE

La *galipote* ou *galipode*, *la beste bigourne qui court la galipote,* parait être un monstre imaginaire aux caractères fort complexes.

Les récits que j'ai recueillis en font tantôt un animal voisin de la bidoche challandaise, tantôt un garou condamné par les monitoires, tantôt une victime du sorcier, souvent même un type bien particulier, un sorcier ayant la faculté de se transformer lui-même.

La galipote est un animal étrange, nocturne et qui prend la forme, *roulue* ou *subie,* d'un mouton blanc, d'une chèvre barbue, d'un chien noir, d'une *bête bigorne,* bête à *deux cornes* mal définie, parfois même d'un porc, d'un taureau, d'un lièvre, d'un chat ou d'une mule blanche. Elle rôde autour des fermes, attaque les chiens, pousse des grognements, gambade autour des attardés et des égarés, parfois les bat et les terrasse; mais, plus souvent, elle se contente de leur sauter sur le dos et de se faire ainsi porter par eux jusqu'à leur demeure. De là, peut-être, notre expression locale : « Avoir la peur sur le dos ». (1)

Seules, les balles bénites peuvent atteindre les galipotes; les lumières, aussi, leur sont fort désagréables. Ce détail me fait songer à l'éclairage des villes, dont on a récemment parlé, au sujet des attentats nocturnes : l'obscurité n'est-elle pas la complice du vol, du crime et du mystère !

Une galipote, amenée en pleine lumière, meurt aussitôt

(1) Le mot *galipettes* signifie d'ailleurs sauts, cabrioles, gambades.

qu'on la reconnait, dit-on à Fontenay. Il suffit encore de planter un couteau en terre, si l'on veut arrêter une galipote et l'empêcher de nuire.

A Echiré (Deux-Sèvres), une galipote, comme le garou du Bocage vendéen, parcourt sept paroisses par nuit.

A Fontaines, on dit que la galipote a été condamnée à son sort par les sorciers. On la représentait parfois même sous la forme d'un âne revêtu d'une carapace de fer et qui se jetait sur les passants, cherchant à les renverser et à leur souffler dans la bouche! L'haleine de la galipote ou du garou passe d'ailleurs pour être mortelle. C'est, raconte Jehan de la Chesnaye, un garou qui, à la Touche de Rocheservière, « fit mourir un cocher *en lui soufflant dans la bouche*, et le pauvre fut enterré le lundi de la semaine sainte ».

*
* *

Une nuit, un paysan vit un beau mouton se débattre dans une haie, où il était accroché à des ronces. L'homme s'en empara et poursuivit sa route, après avoir chargé l'animal sur son dos ; le fardeau, assez léger d'abord, devenait de plus en plus accablant. Soudain, le mouton parla et, s'adressant au paysan : « Eh bien! mon pauvre ami, tu en as assez, d'hasard! » Epouvanté, le paysan jeta l'animal et l'un et l'autre s'enfuirent à toutes jambes.

*
* *

Un soir de foire de Vieillevigne, une galipote, changée en mouton, bondit sur les épaules d'un homme, près de la Grolle. Alors, l'animal parla : « Je monte sur les épaules, gas! » Le paysan eut tellement peur qu'il lui en resta une extinction de voix (1).

---

(1) JEHAN DE LA CHESNAYE, *Au Pays des Chouans*.

* * *

Une nuit, un homme, un amoureux, revenait fort tard de Nesmy à Chaillé, distants de quatre kilomètres. En arrivant à la croisée dite du *Pont-Sorcier*, il vit soudain passer devant lui une bête étrange et grondante, mais elle courait si vite qu'il n'en put distinguer exactement la forme ; cependant, elle ressemblait à un chien lévrier.

(Dit par J. Jouanin, septembre 1902.)

* * *

A Sauvéré (Fontaines-Vendée), on voyait quelquefois, la nuit, un porc et ses petits qui venaient s'ébattre dans l'aire d'une ferme.

* * *

A la Porte de l'Ile, tous les soirs, apparaissait une jument rouge plus belle qu'on n'en avait jamais vue. C'est en vain que ceux qui la voyaient essayaient de la saisir. Enfin, un soir, on fit un piège avec une corde et on la prit. On l'attacha dans une écurie ; le lendemain, on alla voir et, au lieu d'une jument, on vit, attachée à l'anneau scellé dans le mur, une femme de la plus grande beauté, mais elle était morte.

(Dit par Bon, de Bouillé-Courdault, le 6 octobre 1902.)

* * *

Un homme, qui passait pour être sorcier, revenait de la foire de l'Hermenault et arrivait près du village de la *Rouette*. La nuit était épaisse. Comme l'homme passait près d'un buisson, il entendit des grognements et il vit une grosse bête se placer au milieu du chemin. Elle le laissa cependant passer. Mais, aussitôt, elle courut après lui, lui bondit sur le dos et ne le laissa que quand il tomba de fatigue. La bête avait perdu tous ses poils sur la route, qui en était couverte ; mais, galipote rôdeuse, elle avait pris sa revanche sur le malin sorcier.

(Dit par Auger, de l'Hermenault, juillet 1902.)

* *
*

Un voleur allait, naguère, chaque nuit, soustraire des artichauts à M. le Curé, qui en était fort marri. Le prêtre, qui avait une *grande puissance*, mit alors une *chèvre blanche* dans son jardin. Lorsque le voleur arriva sans méfiance, l'animal lui sauta sur le dos et pesa lourdement. Accablé sous la charge croissante, l'homme dut jurer qu'il ne volerait plus les légumes de M. le Curé.

(La Ferrière).

* *
*

A Saint-Cyr-des-Gâts, une galipote apparait tous les soirs dans un petit chemin, sur le bord de la rivière. Elle se présente sous toutes les formes, mais elle est toujours très grande et toute blanche. Elle se cache sous une haie et se jette sur les passants attardés dans la nuit. Si on veut la tuer, elle disparait ou bien le fusil rate.

(Dit par Perrochain, de Saint-Cyr, en juin 1902.)

* *
*

Une nuit, un homme revenait chez lui, à *Pissotte,* en conduisant une charrette. Tout à coup, une galipote sortit d'un buisson et lui sauta sur le dos; le charretier voulut alors lui donner un coup de fouet, mais la bête détala. Quelques instants après, elle revint encore et bondit jusque sur le cou du paysan. Après un nouveau coup de fouet, la galipote s'enfuit. Trois pas plus loin, elle était encore sur le malheureux, qui dut la porter jusqu'au bourg; quand il arriva, la galipote le quitta, mais il était exténué et tout en sueur.

(Dit à Pissotte, en juin 1902.)

* *
*

Il y avait une fois un homme qui vivait seul dans un moulin, non loin du village de *Puy-Sec*. Tous les soirs, en

— 41 —

hiver, le meunier allait à la veillée dans des caves creusées
dans la pierre de la Plaine et qui servaient de lieux de
réunion.

Or, un soir, comme il quittait le moulin, un mouton
blanc lui bondit sur l'épaule. Il fut obligé de le porter
jusqu'à la cave : là, l'animal se coucha à ses pieds. Quand
le meunier repartit, le mouton lui sauta encore sur le dos.
A la porte du moulin, l'animal descendit, resta debout sur
ses pattes de derrière et, pendant que le meunier entrait et
poussait le verrou, il frappa ses deux pattes de devant l'une
contre l'autre, produisant un bruit comme s'il avait frappé
avec des mains !

Il en fut ainsi tous les soirs, pendant quinze jours. A la
longue, le meunier se fatigua de ce manège. Aussi, prit-il
un jour son fusil ; mais les balles ne purent jamais atteindre
le mouton qui riait aux éclats en voyant la déconvenue du
malheureux.

Alors l'homme fit bénir une balle par le prêtre, en chargea
son fusil et dit à l'un de ses amis de s'en munir et de se
cacher derrière la porte du moulin. Le soir, il revint,
comme d'habitude, avec le mouton sur son dos. Mais,
arrivé à la porte, il se glissa de côté pendant que l'animal
se dressait sur ses pattes de derrière : au même instant, un
coup de feu partit de la porte du moulin.

Aussitôt, le mouton, poussant un cri, se transforma en
femme. La malheureuse était blessée, car elle perdait beaucoup de sang. On put ainsi la suivre jusque chez elle.
C'était une sorcière. Elle mourut d'ailleurs le lendemain.

Et moi, quand je raconte cette pauvre histoire, je fais
comme ma mère, je dis pour la malheureuse éprouvée une
petite oraison...

(Dit par Pouponnot, de Puy-Sec. 20 juin 1902.)

* * *

*Catherine Chazay, vieille femme de Cherveux, a raconté
naguère à M. Léo Desaivre ce qui suit :*

« Mon grand-père maternel, appelé Despré, avait une

chienne nourrice qui gardait son *pailler*. Toutes les nuits, une galipote venait rôder autour de la maison, battait la chienne et personne ne pouvait dormir. Mon grand-père se décida à aller voir ce qui se passait : il sortit avec une fourche de fer et donna la chasse à une bête qui ressemblait à un mouton. Lorsqu'il était essoufflé et obligé de s'arrêter, la galipote s'asseyait sur son... derrière, *frappait dans ses mains et lui disait :* « Tu ne m'attraperas pas, mon « pauvre Despré ! » Ce jeu dura longtemps, si bien que le bonhomme, las de courir pour rien, finit par retourner se coucher. »

*
* *

Groleaux, de Saint-Pardoux, a dit aussi à M. Desaivre :

« Un domestique de ferme, allant à la veillée, trouva une galipote qui lui sauta sur le dos. Une lutte s'engagea. Le gàs était solide, la galipote fut battue et emportée par lui jusqu'à la maison où il se rendait.

« A son arrivée, la maitresse travaillait avec ses servantes et ne fit *mine de rien*. Un grand feu brûlait dans la cheminée ; il y jeta la bête *pour l'obliger à se faire connaître*.

« Pendant tout ce temps, la fermière se démenait sur sa chaise et semblait fort gênée. Elle fut bien obligée, à la fin, d'avouer que c'était elle qui venait de courir la galipote. »

Il y a, dans ce récit, un cas curieux de dédoublement de la personne, très rare dans la légende poitevine.

* *
*

Deux hommes de C... courtisaient une jeune fille du village de... ; mais l'on disait tout bas que l'un, quoiqu'il fût aussi inintelligent que laid, était puissant parce qu'il était sorcier. Il montrait parfois sa main à demi-fermée : « Elles viendront toutes picorer là ! » disait-il alors en parlant des filles des environs.

Bref, son rival, tous les soirs, partait plein de feu voir sa belle ; mais, une fois rendu et assis avec elle au coin de l'âtre, il causait du temps, de la saison, des choux, de la *métive,* et oubliait tout à fait l'objet de sa visite. Il ne s'en rappelait qu'au retour, après avoir traversé une grande *prée* et franchi certain *échalier,* et, alors, il s'arrachait les cheveux de dépit.

Et cela dura de longs mois ainsi. Une fois, notre homme emmena avec lui l'un de ses domestiques les plus dévoués, qui devait le rappeler à la réalité lorsqu'il serait rendu. Comme d'ordinaire, il oublia complètement son amour ; le valet eut beau le pousser du coude jusqu'à minuit, tous ses efforts et tous ses signes furent inutiles. On quitta la maison. Le valet dit alors : « Mais à quoi pensez-vous donc maître ? Je vous ai pourtant averti ! — Bah ! ce n'est rien ! » répondit l'homme avec une belle insouciance. Mais dès que le fameux *échalier* fut passé, il se souvint de tout et s'en revint bien furieux.

Le soir suivant, toujours décidé, il partit seul. Mais il fit encore comme de coutume et ne quitta la maison amie qu'à une heure très avancée dans la nuit.

Or, comme il franchissait le fatal *échalier,* un *porc* lui sauta sur le dos ; il réussit à s'en débarrasser, mais l'animal le suivit pendant plus de deux kilomètres, jusqu'au hameau de..., et se plaça trois fois devant lui durant ce trajet. Au village de..., le porc avait encore devancé le paysan et l'attendait... sur un tas de fumier. Alors, une lutte furieuse s'engagea : l'homme fut terrassé, battu, roulé ; ses habits furent mis en lambeaux. La bête ne s'en alla qu'après avoir assouvi sa rage et prononcé des paroles si terribles que le paysan n'en a jamais voulu rien dire et qu'il s'enfuit, hébété, abandonnant sa trique et son chapeau. Mais quelques malicieux disent que la galipote était tout simplement le rival jaloux.

(Dit par J. Jouannin, septembre 1902.)

On raconte, d'ailleurs, que quelques galipotes, ayant été battues, furent obligées de se faire connaître : c'étaient,

comme bien l'on pense, de mauvais plaisants recouverts de
peaux de bête.

***

Dans la cour d'une grande ferme de Courdault, une bête
noire venait très souvent la nuit. L'énorme chien de garde
qui, cependant, m'a-t-on dit, attaquait tous les vagabonds
rôdant autour de la maison et tous les autres chiens,
reculait d'horreur avec des grognements sourds et continus
devant la bête affreuse. En outre, les animaux de la ferme
périrent les uns après les autres et il fallut vendre ceux qui
restaient : alors, la bête disparut.

(Dit par M. Bon, de Bouillé-Courdault, juin 1902.)

Une bête analogue venait souvent rôder autour d'une
ferme de Chaillé-sous-les-Ormeaux, dont les vaches péris-
saient d'un mal mystérieux que les *traiteurs* ne pouvaient
guérir.

***

L'amour se mêle parfois aux légendes de galipotes :

« Un jeune homme du pays s'en allant voir sa mie, le
jour fini, est suivi par un chien minuscule. Il essaie
plusieurs fois de le chasser. Le chien s'écarte et revient.
Impatienté, il le frappe si ardemment de son bâton qu'il lui
casse la patte. La pauvre bête lui dit : « Malheureux, tu
« m'as fait grand mal ! Ne raconte à personne ce qui vient
« d'arriver. » Le jeune homme est consterné en entendant
ces mots sortir de la bouche d'un animal ; il l'est davantage
encore en le voyant prendre la forme de sa fiancée. Il
dut la transporter chez elle, la jambe brisée. Puissance de
l'amour ! Elle lui pardonna sa brutalité, qui pourtant la
rendit boiteuse pour toujours. Ils s'épousèrent et... vous
voyez la suite. »

(C. Puichaud : *Le Pays Poitevin*, mars 1899, N° 9, p. 71.)

* * *

Un solide ouvrier forgeron rencontra, un jour, en revenant de son travail, un beau mouton blanc, à la source des Fontenelles, à 1 kilomètre de Chaillé. L'animal le suivit en bêlant plaintivement. L'ouvrier, le croyant fatigué, le prit alors dans ses bras ; mais, au moment où il atteignait les premières maisons du bourg, il reçut une maitresse gifle et le mouton s'enfuit. Quand il se retourna, la bête était déjà loin et, dressée sur ses deux pattes de derrière, riait aux éclats...

Une autre fois, une galipote, toujours sous la forme d'un mouton blanc, lui sauta sur le dos, dans le chemin creux qui va de Chaillé au hameau de la Bretaudière ; mais, cette fois, elle fut battue à coup de bâtons par le vigoureux ouvrier.

* * *

La galipote de l'Ile-d'Elle ressemble à un lévrier. Elle a l'habitude de poser ses pattes de devant sur la margelle des puits, pour empêcher les femmes d'y venir puiser de l'eau. En 1900, un *Nellesais* vit cette bête qui avait ses deux pieds de devant posés sur la margelle du puits *commun* et jetait sur lui des regards ardents. Il y eut alors grand émoi dans la population pendant quelques jours ; la nuit venue, les femmes n'osaient plus sortir !!

A Saint-Hilaire-des-Loges, la galipote apparaissait parfois habillée de blanc. Mais elle revêtait plus souvent la forme du *mouton pesant*. Un voyageur rencontra une nuit, sur sa route, un mouton dont la laine était accrochée à des épines et il lui dit : « Pauvre bête ! ta maitresse t'a perdue ; mais je vais t'emmener. » Il essaya de faire marcher l'animal, mais il ne le put et il fut obligé de le porter sur son dos. Au moment où, tout en sueur, il s'apprêtait à rentrer chez lui, il entendit une voix qui lui disait : « Es-tu donc si

fatigué que tu es *tout en nage?* » L'homme sursauta, mais
le mouton avait déjà disparu.

(Saint-Hilaire-des-Loges, 1906.) (1).

*

On raconte, à Mormaison, qu'il y avait autrefois, dans ce
pays, un homme qui avait la faculté de prendre l'aspect des
animaux les plus divers.

On dit aussi, à Chaix, qu'un homme revenant de Fontenay en voiture, un soir, vit une *forme blanche* s'asseoir
auprès de lui, sur le siège. Il interpella ce visiteur peu gêné
qui ne répondit pas et qu'il fut obligé de jeter à terre. Il fit
ensuite un signe de croix et l'apparition s'enfuit en poussant des cris.

A Benet, une *chèvre blanche* se jetait aussi, la nuit, sur le
dos des passants et paralysait leurs mouvements. On ne
pouvait s'en débarrasser qu'au seuil de sa maison. Mais,
dit-on, les victimes étaient ensuite *possédées*.

Une femme de Benet a raconté aussi qu'étant toute jeune
elle aperçut un soir un sorcier transformé en galipote. Il
était assis sur son derrière et aboyait sans cesse. Il essaya
de se rapprocher de cette jeune fille, qui fut contrainte,
pour l'éviter, de faire un grand détour. Cette femme est
persuadée qu'elle a vu la terrible galipote!

A la Croix de la Vieille-Ville, près de la *Roche-Percée* de
la Verrie, une bête blanche se montrait naguère, la nuit du
dimanche au lundi.

*

Dans les Combes de Saint-Thomas, près de Fontenay-le-
Comte, se trouve une fontaine, appelée *Fontaine de la Mou-
linotte*. On disait qu'autrefois les galipotes s'y réunissaient

---

1) Même légende à Thouarsais.

à minuit et que les personnes qui passaient à cette heure aux alentours étaient attirées vers cette source et copieusement aspergées !

* * *

« J'ai entendu raconter dans ma famille qu'un de mes grands-grands-pères, revenant d'une foire, traversait un soir un marais, quand une bête lui sauta sur le dos. Comme il était robuste, il saisit la bête et vit que c'était une galipote. Sa demeure n'étant pas très loin, il traîna l'animal jusque-là et, le jetant sur la table, il s'écria : « Femme, « apporte-moi le couteau ! Voilà de la viande de bouche- « rie ! » Il entendit aussitôt une voix qui lui disait : « Ne « me tuez pas ! » Et, laissant sa peau aux mains de mon grand-père, un homme s'enfuit.

« Depuis ce jour, mon grand-père ne voulut rien entendre aux histoires qui disaient que les âmes des défunts revenaient courir la nuit pour expier leurs fautes. »

(Dit par Bourneau, de La Ronde).

* * *

Dans une grande ferme de Thouarsais, un soir d'hiver, vers dix heures, le métayer, ses enfants et ses valets se chauffaient autour de l'âtre. Tout près, dans une chambre voisine, la fermière *brassait* son beurre à grands coups de *baratton* dans son *terrasson*. Elle était vigilante au travail, et, grands dieux ! bonne épouse et sérieuse comme pas une. Or, elle entendit soudain grincer les gonds d'une porte qui donnait sur l'aire, déserte à cette heure. La porte s'ouvrit petit à petit, tout doucement, et une tête de *mouton* se glissa dans l'entrebâillement pendant qu'une voix disait : « Veux-tu, métayère, que je t'embrasse ? »

La fermière eut peur et s'enfuit dans la grand' chambre en criant aux hommes : « Sortez donc vite dehors ! Y a ine galipote ! Tuez-là ! tuez-là ! ». Tout le monde courut après la bête avec des fourches, des pelles, des bâtons, et on la poursuivit à travers champs. Mais on ne put pas la rejoindre, car elle bondissait par-dessus les barrières et les échaliers comme un chien-loup.

(Thouarsais-Bouildroux, Bély, 1905).

D'ailleurs, la tradition dit aussi qu'à Thouarsais la galipote a l'habitude d'écouter aux portes, puis de les ouvrir et de faire des malices aux fermières !

Au village de Coubaron (Poiré-de-Velluire), il y a une centaine d'années, une chèvre apparaissait tous les soirs près du Moulin-Boutet. Elle allumait, au seuil de la porte, une chandelle que personne ne pouvait éteindre, même en tirant sur elle des coups de fusil. Cette chèvre empêchait, chaque soir, le meunier d'aller à son moulin, et, quand celui-ci tournait, elle l'arrêtait. Le malheureux homme, las de cette chose incroyable, remit un jour une balle au sacristain pour la faire bénir. On la glissa dans la corbeille du pain bénit, et le curé l'aspergea au commencement de la messe.

Un soir, le meunier se cacha donc, son fusil chargé à côté de lui ; la chèvre apparut encore ; le coup partit et la balle l'atteignit à une patte. Alors, la chèvre s'écria lamentablement : « Camarade ! tu m'as tué ! tu m'as tué ! » Le meunier dédaigna ces gémissements et s'en revint chez lui.

Le lendemain, on apprit qu'un homme du pays avait reçu une blessure à la cuisse, et il fut plus de quinze jours au lit.

(Poiré-de-Velluire, 1905).

LA GARACHE

La garache (1) est une femme vêtue d'un long suaire et qui apparait, ombre silencieuse, en certains lieux hantés, aux heures crépusculaires ou au coup de minuit. Rien de plus lugubre que les légendes évoquant l'apparition farouche des garaches de mort.

---

(1) Le mot *garache* parait être le féminin du mot *garou*.

Tantôt, la garache est une victime inconsciente, non du prêtre, comme le garou, mais du sorcier qui l'a *enjôminée;* elle est alors délivrée de sa souffrance et de son sort, comme son frère le garou, par la perte de quelques gouttes de son sang.

Tantôt, au contraire, c'est une sorte de nécromant malfaisant, ou une sorcière *« soi-disant de la famille de Caïn »,* qui se transforme en ombre blanche, par le mystérieux pouvoir des herbes.et s'en va rôder autour des habitations pour jeter des sorts mortels (1). Si on veut les tuer, il faut mettre un grain de chapelet dans la charge du fusil.

En tous les cas, la rencontre d'une garache est un présage terrible. Les garaches ont une préférence marquée pour le bord des rivières, les ponts, les gués, les moulins, les croisées de chemins et le voisinage des cimetières ; elles dansent aussi sur les fumiers.

* *

A Thorigny, les garaches apparaissent dans les fonds du *Russet,* au pied du vieux château.

(M. Plaire, septembre 1902.)

Il y a quelques années, une garache apparut à Croix-de-Vie, pendant plusieurs semaines.

(Aug. Barrau, septembre 1902.)

Au Bernard, les garaches se réunissent souvent au menhir de la *Pierre-qui-Vire,* et elles y font sauter, dans une poêle ardente, des cuisses de chiens qu'elles dévorent férocement.

Une garache apparut encore à la Bergerie de Saint-Vin-

---

(1) Quelques traditions sceptiques présentent enfin la garache sous les traits d'une femme, parfois d'un homme qui, usant de l'effroi que produit sur les âmes simples la peur des apparitions nocturnes, s'enveloppent d'un drap blanc pour commettre leurs larcins.

cent-sur-Graon, pendant l'Avent 1862, sous la forme d'une *chèvre,* et on la respecta dans ses pénitences nocturnes.

De temps en temps, une autre se montrait encore aux alentours du village des *Basses-Longeais,* en la Garnache, et une autre aussi à la *Grande-Rhé,* en Vouvant.

*
* *

Rien n'est plus triste que le sort de la garache pénitente. Tantôt, elle est condamnée à parcourir sept paroisses par nuit, en franchissant d'un bond les haies, les fossés, les rocs et les échaliers : c'est la *garache à sauter.* Chaque fois qu'elle rencontre un mur ou une haie, elle prononce la formule : « Saute muraille ! Saute buisson ! » Et elle franchit l'obstacle. (Sainte-Hermine.) Tantôt, elle doit encore galoper dans sept paroisses, voir sept clochers, mais en perçant les haies avec son front : c'est la malheure *garache à percer,* qui n'arrive au terme de sa chevauchée qu'épuisée, les habits en lambeaux et le front ensanglanté.

*
* *

Deux garaches, l'une sous forme d'un cochon, l'autre sous celle d'une chèvre, voyageaient de compagnie en la paroisse de Menomblet. Elles rencontrèrent un étang. Le cochon bondit sans peine par-dessus. Et la chèvre de s'écrier : « Jésus Maria ! Quel beau saut de goret ! » En même temps, elle essayait de franchir l'étang, mais l'invocation de Jésus et de Marie coupa son élan et elle chut en l'eau.

*
* *

Nuit de novembre..... Il pleut à torrents. Une voiture où sont un homme et deux femmes, traverse le village du F.... sur la route du Champ-Saint-Père. Soudain, le conducteur pousse un cri, le cheval s'arrête net sous la pluie et se débat, épouvanté. C'est qu'un fantôme blanc apparait sur le bord de la route et, le front appuyé contre le mur d'une maison, observe par le trou de l'évier ce qui se passe à l'intérieur. Fantôme de mort, sinistre garache, précurseur des deuils ! Sous un coup de fouet, le cheval repart au galop, en frémissant, pendant que la garache, surprise, détale elle aussi et pénètre dans une maison voisine.

Le lendemain, on apprend qu'un homme du village, atteint depuis bien longtemps d'une mystérieuse maladie de langueur, s'est éteint dans la nuit : c'était l'habitant de la maison que surveillait le fantôme.

On a dit que cet homme avait été frappé d'un mauvais sort par un sorcier de ses ennemis et que ce sorcier se déguisait parfois en garache.

Et la garache criminelle, la nuit fatale, surveillait, par le trou de l'évier, les progrès de la mort sur sa malheureuse victime. . . . .

(Dit par ma mère, septembre 1902.)

*

On racontait naguère, vers Aizenay, qu'un amoureux, surpris des allures singulières de sa *bonne amie*, s'était, un soir, dissimulé sous le lit de cette dernière. Au bout d'un instant, il l'entendit répéter par trois fois :

Par dessus les haies et les buissons,
Pour aller joindre Lavignon.

Et elle partit avec une vitesse vertigineuse.

L'amoureux voulut la suivre ; mais, au lieu de prononcer la même formule, il dit :

A travers les haies et les buissons, etc.

Il partit aussi ; mais, au lieu de franchir les haies d'un bond, il dut les traverser, au grand mal de ses vêtements et de sa peau que déchirèrent les épines.

En revenant, la fille franchit une rivière d'un seul bond.

Le gàs, surpris d'un tel saut, s'écria : « Jésus ! » Le charme était détruit et la jeune fille dut revenir à pied chez elle, où elle rentra, dit-on, deux heures plus tard que d'ordinaire.

⁂

Une fois, une garache fut tuée par deux chasseurs, au *Pin de Saint-Arangourd-des-Landes*. On s'aperçut que c'était une riche demoiselle de Nantes, condamnée à ce supplice. Un des chasseurs fut tellement frappé qu'il lui en resta un tremblement général ; l'autre devint épileptique.

Une garache fut encore tuée, dit-on, près d'Angles, dans le champ dit des *Pérochelles*.

⁂

Avrillé est riche en monuments celtiques, mais, dit-on, il n'est pas prudent de se promener la nuit dans les lieux où se dressent ces pierres, car on peut y faire la funeste rencontre des garaches. Autrefois, un homme d'Avrillé, retournant à sa maison, fut poursuivi par une garache qui lui sauta sur le dos et qu'il dut porter jusque chez lui. A sa porte, la garache bondit à terre, lui jeta un sort, ricana et se moqua de lui. Quand l'homme fut entré, tout en sueur, il dit à ses enfants : « Mes enfants, je vais mourir : la garache m'a tué ! »

Il mourut, en effet, peu de temps après.

(Abbé F. Baudry) (1).

⁂

Une fois, à Saint-Hilaire-la-Forêt, au temps de la *métive,* une machine à battre vint à s'arrêter subitement et le mécanicien ne put la remettre en mouvement. Les braves

---

(1) *Annuaire de la Société d'Emulation,* 1861.

paysans crurent la machine ensorcelée, *enjominée ;* le chauf-
feur, à bout de patience, s'écria soudain, moitié furieux,
moitié plaisantant : « Si ça continue, il faudra aller chercher
de l'eau bénite ! »

Au même instant, voilà que la machine repart, à la
grande stupéfaction de tous. On crut que la machine avait
été ensorcelée par une personne présente ayant la réputation de courir la garache et les bonnes vieilles se disaient
entre elles : « Ah ! l'effet de l'eau bénite, c'est ça que les
garaches n'aiment pas ! »

(Abbé F. Baudry.) (1).

*
* *

Une garache blanche venait toutes les nuits souffler la
chandelle, par le trou de l'évier, dans une maison du village
de la Laudière, en Chaillé. Le propriétaire, fatigué par ce
manège et craignant de voir un sort jeté sur sa famille, qui
était nombreuse, fit bénir son fusil chargé par le curé du
bourg et se cacha sous un cognassier, non loin de son
habitation. La garache vint, comme d'habitude ; l'homme
tira. Le fantôme blanc poussa un cri et s'enfuit. Le lendemain, on le suivit, à la trace de son sang, jusqu'au village
de la Vérie.

Le soir, sur les trois heures, on sonnait, à Chaillé, le glas
d'une vieille femme de ce hameau, qui était morte subitement dans la nuit, « envoyant son âme à Dieu ».

(Dit par ma mère, août 1902.)

Même légende à Champgillon : Dans la cour du château
d'Enfer, on avait tiré sur une apparition. Le lendemain, on
retrouva des traces de sang et on les suivit jusqu'à la
demeure d'une sorcière. Quelques jours après, cette vieille
femme mourait.

---

(1) *Annuaire de la Société d'Emulation*, 1861.

* * *

Un soir, des jeunes gens de Vouvant se rendaient à la veillée lorsque, tout à coup, ils virent s'avancer vers eux un fantôme blanc qui faisait grand bruit. Un des gâs, qui n'avait pas peur, prit son fusil — car, autrefois, l'on ne sortait jamais sans son fusil, vieille habitude des races de braconniers — ajusta la garache et fit feu.

Le fantôme se traîna en gémissant sur le bord du fossé et y tomba : il était mort. Les jeunes gens s'avancèrent alors, écartèrent le linceul blanc et reconnurent un homme du pays.

(Dit par Bonnaud, de Vouvant, juin 1902.)

* * *

Une reine du Nord traversait autrefois la mer toutes les nuits et venait, sous l'aspect d'une garache, dans la *Casse à la Reine*. Le propriétaire, au lieu de charger son fusil avec les trois pains bénits des trois messes de Noël — ainsi que le veut la tradition — tira la garache avec une balle bénite par le prêtre et la frappa au cœur.

« Malheureux ! s'écria alors la reine en montrant ses riches habits couverts de pierreries, si tu ne m'avais pas tuée, ta fortune serait faite, car tu viendrais avec moi dans mon royaume. Mais je vais mourir, je te maudis, et ton nom sera synonyme de malheur jusqu'à la dernière génération. »

L'assassin mourut peu de temps après ; sa maison fut détruite, sa famille dispersée et ses descendants sont tombés dans la plus affreuse misère.

(Abbé F. Baudry.) (1.)

(1) *Annuaire de la Société d'Emulation*, 1861. L'abbé Aug. Simonneau a composé sur ce thème une poésie intitulée : *La Garache de Longeville (Légendes des Marais de la Sèvre-Niortaise et de la Vendée*, 1902).

LE CHEVAU-LÉGER

Mon frère et un autre maraichin allaient, un soir, de Saint-Jean-de-Monts à la *Filistaye*, sur la route de Beauvoir. C'était en hiver ; la route gelée était recouverte d'un verglas qui rendait la marche difficile dans la nuit. Soudain, mon frère vit venir à lui un cheval qui agitait ses grelots ; mais lui seul le distinguait, lui seul percevait le bruit des sonnailles ; son compagnon n'apercevait nulle part de cheval et n'entendait aucun carillon. Seule, la route s'allongeait devant lui et, seul, le vent criait dans la cime des peupliers...

Mon frère n'osa point monter sur le cheval qui s'approcha de lui d'un air caressant, mais il s'y appuya pour faciliter sa marche ; et, chose curieuse, le cheval le conduisit ainsi là où il voulait aller, à la *Bourrine* de la *Filistaye*.

C'était un chevau-léger.

(Dit par le père Crochet, à Saint-Jean-de-Monts,
le 16 août 1902.)

LE CHIEN A GRAND' QUEUE

Une nuit, un gâs de Barbâtre, en Noirmoutier, errait par les dunes de la Grande-Arée. Il entendit soudain des grognements et aperçut alors, à quelques pas de lui, un chien énorme, tout noir, mais un chien comme il n'en avait jamais vu et qui avait une queue longue, si longue qu'elle se tortillait dans les herbes comme un serpent. L'homme marcha sur la bête comme pour la chasser. Mais l'animal parla : « Va-t-en, dit-il, si tu tiens à ta vie ; tu serais bien mieux à cette heure avec ta mère qu'à garouter dans les dunes avec le chien à grand' queue ! »

Le gâs, épouvanté cette fois, courut bien vite à Barbâtre.

(Dit par un meunier de Barbâtre, le 20 août 1902.)

LE CHÉ ROGE *(Le Chien Rouge)*

Un voyageur revenait une fois très tard des Sables d'Olonne vers les Moutiers-les-Mauxfaits. Arrivé près de Saint-Avaugourd, il vit venir à lui une bête extraordinaire : c'était un chien rouge qui crachait du feu par la gueule et les narines et avait des flammes sous les pattes. Quand il vit le voyageur, il se mit à tourner bien vite autour de lui, en décrivant des cercles d'abord très grands, puis de plus en plus diminués, et bientôt il le frôla de son poil rouge. Alors, toujours en tournant autour de ses pieds, il lui cracha des flammes et le brûla cruellement aux jambes. Puis il le mordit avec ses crocs de feu, et le malheureux tomba évanoui.

On le releva le lendemain matin, mais il était à moitié fou.

(Dit par Vrignaud, en décembre 1900.)

LA BÊTE PHARAMINE

> *La Bête pharamine*
> *Quitte les cahurauds*
> *Pre trecher la v'remine*
> *Au long daux mazureaux.*

(La Chasse Gallery.)

C'est une bête affreuse que la bête *pharamine*, qui poursuit les égarés, la nuit, et se met au service des sorciers pour jeter leurs maléfices et faire leurs mauvais coups.

*
* *

Un jeune homme de l'Ile-d'Elle, nommé Pierre, avait épousé une fille de son choix, appelée Jeanne. Mais il avait ainsi évincé un rival jaloux, qui résolut de se venger et se vendit au mauvais esprit.

Or, un soir, assez tard, comme Pierre revenait du Marais

vers sa métairie, il entendit soudain comme des clapote-
ments sur l'eau ; puis un animal bondit sur lui et lui posa
ses deux pattes sur la tête. Le pauvre Pierre, épouvanté,
dut porter le terrible fardeau jusque chez lui ; alors, l'animal
descendit, ricana, frappa des mains et s'en alla.

C'était la bête pharamine.

(D'après Aug. Simonneau, de l'Ile-d'Elle, 1902.)

L'ALOUBI

Le mot *Aloubi* signifie parfois : homme maigre, quoique
insatiable, qui apporte la famine dans toutes les maisons où
il entre. Mais il désigne plus souvent le loup affamé et sanguinaire.

L'ALOUBI ET LA POULETTE
Conte d'Enfants

Il y avait une fois un petit homme et une petite femme
qui voulaient, pour le mardi-gras, faire un beau festin. La
femme demanda à son mari : « Tu as un porc, une poule,
des oies, des canards et des coqs ; de tout cela, que tuerons-
nous ? — Nous tuerons le porc », dit l'homme.

Mais la petite poule, qui était tout près de là, avait entendu.
Elle alla bien vite rapporter la nouvelle à ses compagnons :
« Partons vite, dit-elle ; le maître veut nous tuer ! »

Tous les animaux s'enfuirent dans le bois ; mais l'aloubi
au grand appétit habitait lui aussi le fourré. Alors, la poulette, toujours de bon conseil, dit qu'il fallait construire une
maison. Les voilà donc tous au travail : l'habitation fut vite
élevée ; on y fit même une cheminée et une porte, avec un
solide verrou.

Tous les matins, les bonnes bêtes sortaient pour aller
chercher leur pâture. Or, un jour, au retour des champs,
ils virent au loin l'aloubi qui courait sur eux. Vite, ils rentrèrent à la maison et fermèrent la porte.

Le loup arrivait comme eux. Il frappa la porte, mais

nul ne répondit ; il heurta une seconde fois et il entendit
alors la poulette moqueuse : « Tu n'entreras pas, vilain
loup ! »

Furieux, il monta sur le toit : « Si lourd que tu sois, tu
ne défonceras pas notre maison », continuait la poulette.
Il essaya de passer par la cheminée, mais le conduit était
trop étroit. Alors, il s'en alla, rageur et, résolu à se venger,
se cacha sous un fourré voisin.

La poulette sortit avec ses compagnons et, sans méfiance,
tous s'en allèrent à la pâture. Le loup quitta sa cachette et
tua tous les amis les uns après les autres : poulette, coqs,
oies, canards, porc.....

> *Une petite souris a passé par mon moulin ;*
> *Elle a fait par trois fois : Couic ! Couic ! Couic !*
> *Mon petit conte est fini (1).*

(Dit par Michonneau, Paul, de Mouilleron-en-Pareds,
le 4 juillet 1902.)

LES LOUPS ET LE MUSICIEN

Il y avait autrefois beaucoup de loups dans la forêt de
Mervent, et il n'était pas sage d'y passer la nuit.

Il y a de cela pas mal d'années, — seuls les hommes de
quatre-vingts ans l'ont connu, — un vieux musicien du
pays, le père François, était de toutes les noces. Il habitait
une petite maison, non loin de Mervent. Or, une nuit, vers
deux heures du matin, il revenait d'une noce lointaine, et,
pour être plus tôt rendu, il avait pris au court par un sen-
tier forestier. Son bon chien, le fidèle Myro, l'accompagnait.
Comme le violoneux était un peu fatigué, — on n'a pas les
jambes solides à son âge, — il se coucha au pied d'un chêne
et s'endormit au clair de lune. Son chien l'imita.

Un loup vint à passer à ce moment : c'était l'Aloubi de la

---

(1) Nos contes vendéens sont souvent précédés ou suivis de ritour-
nelles comme la précédente ; j'ai tenu à les conserver.

forêt, le roi des loups. Il vit le dormeur, mais il ne l'attaqua pas et se contenta de le recouvrir de feuilles mortes. Puis il courut avertir sa bande.

Ah ! il en vint, des loups, à la curée ! Ils firent un tel bruit que le musicien se réveilla en sursaut : il comprit tout. Alors, il grimpa à la cime d'un arbre, pendant que le chien se glissait dans le tronc creux.

Les loups arrivaient à ce moment, l'Aloubi à leur tête. Pensant que la proie ne leur échapperait pas maintenant, ils s'étendirent au pied du chêne et attendirent patiemment.

Mais le musicien avait de l'expérience : il prit son violon et se mit à jouer. Les loups n'aiment pas la musique, paraît-il. Aussi l'Aloubi et sa horde prirent-ils la fuite.

Le père François put alors descendre sans crainte. Il était si joyeux qu'il joua, dans la nuit, jusque chez lui, des airs de violon, de quoi faire trembler tous les loups de Gâtine et de Mervent.

(Dit par Cez, de Fontenay-le-Comte, en juin 1902.)

LE MÉNESTREL DE MONTREUIL

Tout près du château de Montreuil-Bonnin, dans la Vienne, se trouve un vieux chêne, appelé le *Chêne au Loup*, et voici pourquoi, dit Mademoiselle Elise Maurin, institutrice :

« Un jour, il y a de cela un temps infini, un pauvre ménestrel, qui passait par là pour se rendre au château de Montreuil, tomba dans un trou profond qui servait de piège à loups. Un de ces affamés, alléché par l'odeur du ménestrel, vint le rejoindre bientôt. Le pauvre ménestrel, croyant sa dernière heure venue, voulut jouer une dernière fois de son luth. Nouvel orphée, il attira par ses chants harmonieux tous les loups de la contrée, qui ne lui firent aucun mal et qui se rendirent pendant très longtemps, la nuit, autour de cet arbre. »

(Mademoiselle Elise Maurin, institutrice, à Migné, 1901.)

* * *

Tels sont les contes, traditions, superstitions, dits et légendes concernant la nuit que nous avons pu recueillir dans notre région, où la littérature orale populaire s'est épanouie en une si abondante floraison.

S'il était possible de livrer à l'analyse le fantastique et le merveilleux, le mécanisme des métamorphoses et des dédoublements des êtres nocturnes légendaires serait évidemment l'un des problèmes physiques et psychologiques les plus intéressants. Tantôt, l'être humain se transforme en un être nouveau, perdant ainsi la qualité humaine; tantôt, l'être humain et l'être fantastique cohabitent sous la même enveloppe, ce dernier anéantissant le premier pour une durée déterminée; tantôt, la victime se dédouble, son corps reste vide comme un cadavre, et l'âme erre par les campagnes, sous l'aspect d'un garou ou d'une galipote. Nous avons rapporté de nombreux récits présentant ces divers caractères de métamorphoses, et nous avons à peu près borné notre rôle à celui d'un conteur fidèle.

Nous aurions peut-être pu accompagner ces légendes de commentaires plus scientifiques et plus nombreux et chercher des interprétations savantes ou des origines positives à des traditions qu'ont amplifiées, dénaturées ou animées de l'effroi du mystère les mille bouches naïves qui les ont racontées d'âge en âge. Mais mieux vaut, peut-être, ne pas soumettre à une critique trop minutieuse de simples histoires qui se font un jeu d'égarer l'analyse et de déconcerter la logique par leur invraisemblance, leur ingénuité ou leur incohérence.

Retenons-en simplement le charme, la malice, la mélancolie, le caractère spontané et tourmenté, l'impression, en un mot, comme un élément important pour l'étude du vieux peuple de la Vendée et de son esprit.

Edmond BOCQUIER,

Fontenay-le-Comte, 2 novembre 1908.

LA ROCHE-SUR-YON, IMP. RAOUL IVONNET, 15, RUE LAFAYETTE

81318

www.ingramcontent.com/pod-product-compliance
Ingram Content Group UK Ltd.
Pitfield, Milton Keynes, MK11 3LW, UK
UKHW031805170726
13836UKWH00003B/1201